빌   어   먹   을
로   맨   틱   한
토 마 토 달 걀 볶 음

댁네, 여권은 안녕하신가요?

프롤로그_로맨틱한 상하이

언제부턴가 연휴에 고향으로 가는 것이 부담스럽게 느껴졌다. 명절을 떠올리는 것만으로 가슴이 답답해졌다. 기껏해야 일 년에 두어 번 만나는 소중한 명절에 따스한 덕담은 커녕, 씁쓸한 질문이 시작됐다. '학교는 어디로 가니? 취업한 회사는 어디니? 연봉은 얼마나 받니? 결혼해야지? 부모님께 효도해야지?'와 같은 질문이 아무렇지 않게 던져졌다.

각자 삶을 살아가는 방향이 다른데 조언을 가장한 참견은 잔소리로 이어졌다. 어떻게 살아야 잘 사는 거라고 매뉴얼이 나와 있는 걸까. 공개적인 심문으로 그 자리에 존재하는 게 부끄럽게 느껴졌다.

그해 달력에 표시된 설 연휴는 달리 보였다. 루돌프 사슴의 코처럼 빨갛게, 반짝반짝. 이번 명절은 고향 가는 것을 건너뛰고 휴가를 다녀오라는 듯. 빨갛게 반짝였다.

짧은 연휴지만 로맨틱한 상하이 투어를 떠나자고 친구의 옆구리를 찔렀다. 이번 여행의 가이드가 되어 주겠다고 말하며, 천천히 상하이 풍경을 담아 오는 여유로운 여행을 자신했다. 중국의 모습을 간직한 소도시를 방문 예정지로 제시하며, 현지의 설 연휴 모습을 보고 온다는 기대감을 끌어올렸다.

얼마 만에 느껴보는 명절 기다림이었는지, 빨간 연휴가 가까워질수록 붉은 대륙의 유혹에 깊게 빠져들었다.

목차

■■■■■ 프롤로그_로맨틱한 상하이 - 4

■□□□□ 여권 분실

여권이 없어졌다 - 12

너는 내 운명 - 15

삶의 기본 요소 - 18

생존 게임, 실제 상황 - 20

한인 타운 - 23

내 목소리가 들리니 - 26

아는 여자 - 28

거꾸로 글자 - 31

나를 잊지 말아요 - 33

비밀번호 486 - 36

날 닮은 너 - 39

꼬깃꼬깃 쌈짓돈 - 41

■■□□□ 체류자의 일상

상하이 콜롬버스 - 46

사소한 순간 - 49

생활 계획표 - 52

고독한 방 - 54

대륙의 향 - 57

토마토 달걀볶음 - 59

내 누군지 아니 - 62

매너가 사람을 만든다 - 64

유쾌한 아주머니 - 67

가족같은 사이 - 69

로맨틱한 상하이 - 71

가지마 가지마 - 74

■■■□□ 신분 회복

천사와의 만남 - 78

오늘은 내가 요리사 - 81

여기 어때? - 83

이산 가족 - 85

아가 엉덩이 - 87

인터폴에서 좋아합니다 - 89

대명절 선물 - 92

별이 된 비자 - 94

모의 훈련 - 97

지치지 않습니다 - 100

■■■■□ 집으로

내 친구 곰돌이 - 106

버킷리스트 - 108

아침 운동 - 110

이젠 안녕 - 112

예쁘니까 - 114

최후의 만찬 - 116

해 뜨기전 새벽이 제일 어두운 법 - 118

눈이 온다 - 121

■■■■■ 에필로그_빌어먹을 갈대의 마음 - 124

여권 분실

여권이 없어졌다

 여권이 없어졌다. 새벽부터 부지런히 움직여 중국 땅을 밟은 지 두 시간 만에 발생한, 믿고 싶지 않은 상황이었다. 명절 잔소리를 피하고자 떠나온 상하이에서 자칫 잘 못하면 기나긴 나날을 체류해야 할 지도 모른다. 이곳에 오기 위해 가 볼 곳과 먹거리, 기념품 등 정보를 수집하며 과도한 업무도 긍정적으로 버텨냈는데, 그동안 참고 견딘 시간이 배신당한 것 같았다. 어디서 어떻게 여권이 없어진 건지 호텔 체크인할 때까지 있었던 여권의 행방을 거꾸로 따라가야 했다.

 호텔에 짐을 풀고 친구와 근처 식당으로 아침 겸 점심을 먹으러 갔다. 읽히지 않는 메뉴판을 뚫어져라 보며 도전

정신을 불태우는 동안 친구는 번역기 힘을 빌려 음식을 주문했다. 바삭한 꿔바로우와 매콤하고 부드러운 두부가 잔뜩 올라간 마파두부를 후딱 해치우고, 두둑한 배를 쓰다듬으며 해방감에 빠져 들었다. 점심 식사 가격을 한화로 계산해서 비교해 보며 빳빳한 위안을 건넬 때까지도 지갑 속 카키색 여권은 듬직하게 자리를 채우고 있었다.

식당 옆에는 나뭇가지에 주렁주렁 달린 귤을 판매하는 과일 가게가 보였다. 나뭇가지째로 파는 게 신기해서 귤을 한 봉지 구매했다. 한 개씩 떼어 먹는 재미가 있는 귤은 대륙에서 햇살을 풍부하게 받았는지 당도가 남달랐다. 순조로운 먹거리 선택에 자신감이 붙어서 가까이에 있는 먹자골목을 구경하려고 샛길로 빠졌다. 두 명 정도 지나갈 수 있는 좁은 골목은 처음 맡는 냄새가 진동하여, 어귀에 다다르기 전에 원래 가려던 m & m 난징둥루 지점으로 발걸음을 돌렸다. 앞서가던 사람이 되돌아 나가면 비켜줄 만한데, 뒤 따라 오던 사람이 길을 막는다. "뚜이 부치, 쎄쎄." 외치며, 가로막은 사람들을 뚫고 나왔다.

입구부터 두 팔 벌려 환영하는 m & m 초콜릿 캐릭터는 원색에 조명이 더해져 눈이 부셨다. 어느 기계 앞에 체중계 재듯 올라가면 그 사람에게 맞는 색으로 스포트라이트를 비추는데, 빛을 받고 나면 최면에 걸린 듯 몇 가지 상품들을 장바구니에 넣게 된다. 바로 갖고 싶은 물건만 계산하려고 보니 여권이 든 지갑이 사라진 상태였다. 코트 속에 입은 경량 패딩 주머니를 안팎으로 뒤지고 가방을 뒤집어 속에 든 물품을 다 꺼내어 봤다. 혹시 충동 구매할까 봐 지갑을 맡겨 뒀었나, 친구의 가방 속 주머니도 확인했는데 내 지갑은 어디에도 없었다.

왔던 길을 되돌아가며 마지막으로 처음 들렸던 식당까지 갔다. 식당 주인에게 지갑을 잃어버렸는데 지갑 속 현금은 다 가져가도 되니까, 여권만은 돌아왔으면 좋겠다고 이야기했다. 식당 주인은 오히려 현금을 돌려 줬으면 줬지 여러 나라를 드나들 수 있는 한국 여권을 돌려줄 리 만무하다고 했다. 사진만 바꿔서 도용한 여권을 판매하면 약 500만 원에 거래가 성사될 텐데 순순히 돌려줄 리가 없다며 헛된 희망의 싹을 잘랐다. 예사롭지 않은 사고가 일어났다.

너는 내 운명

 여행 초보자일 때부터 예기치 못한 상황에 대비하는 방법을 준비했다. 우발적 사고와 범죄 노출 상황을 읽어 두었고 대처 사항을 익혀 두었다. 그 중에서 서류가 필요한 여권 관련 부분은 준비에 더 신경 썼다. 여권 분실 시, 재발급을 처리하기 위해 이동해야 할 도시 정보, 제출 서류(여권 사본, 신분증 - 사진이 부착된 주민등록증 또는 운전면허증, 반명함판 사진 2장)는 여행 갈 때마다 챙겨 다녔다.

 미리 준비해도 처음 겪는 상황에 이성적인 판단이 이뤄지지 않았다. 머릿속에 구겨 넣은 정보들이 힘을 발하지 못하고 무엇부터 해야 할지 막막했다. 도착한 지 고작 2시간밖에 안 됐는데 어떻게 해야 한국으로 돌아갈 수 있을지 걱정이 태산처럼 커졌다. 어떤거부터 해야 할 지 찾아봐야 하는데 적절한 키워드가 생각나지 않았다. 여권이 없어지면서 두뇌회전이 고장 났다. 내 옆을 지키는 여행 동반자는 손가락을 빠르게 움직여 여권 분실 시 재발급하기 위한 절자를 찾았다.

여권 분실 시 재발급 준비 사항
1. 경찰서 여권 분실 신고 접수(사고 신고서)
2. 여권 말소
3. 단수 여권 발급
4. 비자 발급

경찰서에 들어가는 게 겁 났지만, 약한 마음을 안면 근육 뒤에 숨기고 출입문을 열었다. 여권을 잃어버려서 분실 신고 접수하고 사고 신고서를 받으러 왔다고 하니, 여권 사본을 가져오라고 한다. 방금, 여권 잃어버렸다고 이야기했는데. 사본을 가져와야 접수를 할 수 있다고 다시 오라고 내보내졌다. 외국인이 사고 접수를 해야 하면 여권(사본)을 가져가야 한다.

호텔로 뛰어가 캐리어에 비상약과 같이 가져온 여권 사본을 찾았지만, 이번 여행은 사고가 날 운명이었나보다. 사본이 없다. 순간 호텔 데스크에서 체크인할 때 여권을 복사했던 게 생각났다. 프런트로 가서 직원에게 체크인하면서 '복사해 둔 여권'을 복사해달라고 요청했다. 직원은 여권을 복사해서 내어주면 문제가 발생할까 봐 관리 부서에 문의하고, 복사 비용을 점검하느라 시간이 소요됐다.

담당 경찰관을 만나 여권 분실 신고를 접수하고 이어서 처리해야 할 것을 물어보았는데, 경찰은 사고 신고서를 발행해 주는 것 말고 해 줄 수 있는 것이 없다고 한다. 연휴가 지나고 평일이 되어 출입국 사무소를 직접 찾아다닐 수밖에 없다.

삶의 기본 요소

 여권을 받기까지 시간이 얼마나 걸릴지 예상할 수 없었다. 연휴 기간만 호텔을 예약해 놓은 상태여서 앞으로 어떻게 헤쳐 나가야 할 지, 삶의 기본 요소인 '의, 식, 주'에 대해 고민했다. 옷은 있는 것으로 생활하면 되고, 먹는건 움직일 기운이 돌 만큼만 먹으면 된다. 문제는 거주할 곳이었다.

 설 연휴의 상하이는 대명절 기간을 가족과 시간을 보내느라 대부분의 상점이 휴업 상태였다. 을씨년스러운 바람만 휑하게 불어 대며, 귀신이라도 튀어나올 것 같은 거리였다. 지붕 없는 하늘 아래에서 노숙하다가는 다른 것도 털릴 것 같았다. 도움이 절실히 필요했다.

"쿵!"

하늘을 가르며 빠른 속도로 내려오는 비행기의 바퀴가 지상에 발을 내디딜 때, 방문을 환영하듯 일렁이는 기체의 울림이 승객들의 휴대전화를 타고 퍼져나갔다. 너나 할 거 없이 와이파이부터 잡느라 바쁜 와중에 가장 먼저 도착하는 문자는 '0404' 무슨 일이 발생하면 연락하라는 든든한 영사관의 안내 문자이다. 별일이야 있겠냐만 도착할 시간 맞춰 문자를 안내한 정성에 내용을 쓱 한번 훑어봤다.

[Web 발신]해외 위급상황 시 영사콜센터 연락(+82-2-3210-0404, 무료 전화 앱), 7개 국어 통역 가능, 해외 90일 이상 체류 시 재외국민 등록(누리집: 영사민원24)

'0404, 위급상황 시 0404….'

생존 게임, 실제 상황

"숙박 연장이 불가합니다." 묵고 있는 호텔에 숙박 연장을 요청했는데 거부되었다. 추가 기간에 머물 숙박객의 여권을 제시해야 하는데, 실물 여권이 없어서 거부되었다. 얼마나 더 있어야 할지 모르는데 현금도 부족하고 이거야말로 별일이었다.

영사관에 전화를 걸어 떨리는 목소리로 담당자에게 도움을 요청했다. 앞으로 처리해야 할 사항이나 숙소, 그리고 현금인출 등에 대해 자문이 필요했다. 담당자는 오늘 출근자가 한 명인데 와야겠다면 1시간 내로 오라고 했다. 수화기 너머로 들려오는 퉁명스러운 목소리에 예감이 좋지 않았다.

제시간에 가기 위해 빠른 경로를 찾아 뛰었고 입구에서 담당자를 만나러 왔다고 전화했다. 영어 가능한 중국인 직원이 대신 받아, 그는 이미 퇴근했다는 말밖에 해줄 수 없어서 유감이라고 했다. 오라고 했던 시간보다 일찍 도착했는데 못 만난 건 좀 억울했다. 타국에서 믿을 만한 사람은 정부 기관에서 파견 나온 주재원이 아닐까? 이런 상황도 많이 겪어봤을 테니 실질적인 절차를 설명해 줄 거라 기대했는데 그는 자리에 없었다.

초행길은 찾아가는 길이 낯설어 도착지까지 멀게 느껴지는데, 그때는 찾아가는 데 혈안이 되어 지나 온 길이 기억에 없었다. 돌아가는 길이 처음 걷는 길 같았고 찾아 올 때보다 길이 늘어나 있었다. 한적하고 으슥한 어딘가의 도로변에서 여권 보호막을 잃은 불안함이 승모근 위에 내려앉았다.

바쁘게 움직인 걸음의 끝이 휴식처가 되길 기대했으나 천근만근 무거워진 종아리는 묵묵히 아스팔트만 밟을 뿐이었다. 퇴근이 다가오는 시간에 찾아가서 그랬겠거니 내일 첫 번째로 할 일은 영사관부터 찾아가자고, 여행 동반자의 위로를 받으며 첫날을 마무리했다.

다음 날, 업무가 시작되는 9시에 찾아갔다. 영사관 볼일로 찾아왔다고 말했지만 입구의 경비원은 들어가지 못하게 막았다. 통화만 가능하다며 전화를 걸어 주었다. 다시 듣게 된 그 선생님의 목소리는 출입국 사무소에서 여권 말소가 된 후에 찾아오라며 더 해 줄 말이 없다고 했다. 끊으려는 전화를 부여잡고 다급하게 외쳤다.

"선생님, 선생님…. 저 머무를 수 있는 호텔이 없어요."

"한인타운 가세요."

외마디를 남긴 채 전화가 끊겼다. '0404' 해외 도착하자마자 수신된 그 문자를 받고 영사관을 내심 든든한 수호신처럼 믿고 있었는데, 망치로 뒤통수를 후려쳐 맞은 기분이었다. 여행은 생존이고 실전이다.

한인 타운

 맨몸으로 일어서야 했다. 단돈 오만 원으로 서울에 올라와 가게를 꾸린 자수성가한 사람의 감정이 이런 기분일까? 드라마 속 장면을 잠깐 떠올려 보았다. 다른 나라로 여행을 가도 한인 타운을 방문하지 않는 편이라 아무 정보가 없었다. 영사관의 난해한 힌트에 속상한데, 가서 어떻게 해야 하나 주저하는 동안 한인타운 상점이 문 닫을까 봐 택시를 타고 날아갔다.

 K-드라마, K-POP, K-뷰티 전 세계의 유행을 이끄는 한류로 중국인들이 찾는 명소가 된 한인타운 중심 거리에는 디저트 가게가 떡하니 버티고 그 위상을 보여주고 있었다. 반가운 한글이 보이는 한인나운의 첫인상은 쓸쓸한 서부 영

화 속 한 장면 같았다. 모래 먼지 따라 신문지가 굴러가거나 생뚱맞게 카우보이가 나와 총을 한 바퀴 돌려도 이상하지 않을 썰렁한 사막처럼, 사람들이 꼭꼭 숨어버린 동네였다.

문을 연 상점을 찾아가 음료 한 잔 주문하고 기다리는 동안, 텅 비어버린 한인 타운을 찾아온 관광객이 궁금한 사장님은 어떤 연유로 온 건지 물었다. 여권 분실로 호텔 연장이 불가하여 숙소를 구하려 한다고 말씀드렸더니 난감한 표정을 지었다. 민박으로 알아봐야 할 텐데 이 시기에 운영하는 숙소가 없을 거라고 했다. 대명절의 기간에 중국인은 일을 안 하는 시기라 3배로 급여를 올려준다고 해도 차라리 일을 그만둘지언정 가족을 만나러 가기 때문에, 다방면으로 연락을 취해야 투숙객을 받는 민박집이 있는지 알 수 있다고 했다. 상하이의 명동으로 불리는 난징둥루에도 문 닫은 곳이 상당수여서 그의 말에 신빙성이 더해졌다.

그는 주변에 알아보겠다며 숙소 컨디션이 좋지 않을 테지만 1박에 500위안 정도 되는 방 한 칸이라도 구하면 다행인 거라고 했다. 여권을 받기까지 최소 2주는 있어야 할 텐데 숙소 예약에 호의를 베풀어주는 당신에게 소정의 사례금을 주길 바랐다. 보유한 현금이 부족하니 숙소가 구해지면 꼭 주겠다고 양해를 구하고, 예약을 받아 주는 곳이 찾아지면 바로 연락할 수 있게 위챗(중국 내에서 사용하는 메신저)을 설치해 친구로 등록했다. 호텔로 돌아와 연락을 간절히 기다렸지만, 답이 오지 않았다.

내 목소리가 들리니

 상하이에 연줄이 있는 사람을 찾아야 했다. 친구, 회사, 단체, 기관, 누구에게 연락해야 좋을지 떠오르지 않았다. 어떻게든 연락을 취해야 하는데 중국에서 차단된 해외 메신저는 사설 VPN을 써야만 접속할 수 있어서 소식을 주고받기가 어려운 상황이었다. 간헐적으로 열리는 데이터망을 통해 전송되길 기대하며 메시지를 남겨 놓았다. 연휴에 중국에서 온 연락이라 보이스피싱이냐고 삭제할까 봐 걱정됐지만, 부디 간절한 마음이 닿을 수 있길 바랐다.

 VPN의 제약 없이 연락할 방법을 찾다 보니 인터넷이 연결되면 메시지를 주고받을 수 있는 아이폰 메시지 기능이 떠올랐다. 아이폰을 사용하고 도움을 줄 수 있는 지인을 떠올려 급한 상황을 전달하는 메시지를 남겼다.

 한 시간이 채 되지 않아 비상 메시지를 받은 친구로부터 답변이 왔다. 연락해 볼 수 있는 중국 지사는 상하이에서 차량으로 3~4시간 떨어진 곳이라 출입국사무소를 오가야 하는 내 상황과 맞지 않은 곳이라고 했다. 머물 곳을 해결하기에 도움이 될 수 없어 미안하다는 안타까운 소식이었다. 지금 사드 배치로 중국과 한국 간의 분위기가 좋지 않아서 혐한의 위험이 있으니 몸조심하라는 우려 섞인 당부의 말이 이어졌다.

아는 여자

 극한의 상황에 치닫게 되니 머릿속이 하얘졌다. 떠올릴 수 있는 방법이 실패로 끝나면서 가능성의 줄이 끊겨 버렸다. 호텔 창문 밖으로 건물들 사이 풍경을 멍하니 바라봤다. '나는 왜 여기에 있는 걸까. 왜 여행지를 상하이로 골랐던 걸까.' 설렘 가득했던 지난날을 떠올리면 기운이 날 것 같았다.

 그러다 얼마 전 교회에 다니는 친구와 나눈 대화가 떠올랐다. 중국으로 연휴를 보내러 간다고 했더니, 친구가 소속된 교회와 자매결연인 교회가 상하이에서 선교활동을 하고 있다고 알려 줬었다. 위기에 처한 상황을 확인한 친구는 위챗(중국 메신저)을 설치해서 나와 상하이에 있는 교회 간 연락이 이뤄질 수 있게 오작교 역할을 했다. 덕분에 전도사님과 연락이 닿았고 지금 와도 된다고 해서 너무 감사했다.

구글 지도는 교회까지 두 블록만 가면 된다고 안내했다. 운동 삼아 부지런히 걸어가자고 친구와 의기투합하여 출발했다. 중국에 온 게 네 번째이고 상하이에 머문 지 3일 차인데 우리는 이곳이 대륙이란 사실을 망각했다. 이곳에서 한 블록은 한국 기준으로 버스 세 정거장쯤은 되었다. 허벅지가 딴딴해질 즈음 교회 건물 부근에 도착하여 서로에게 엄지를 추켜세웠다.

중국의 건물은 네모난 건물 안에 네모가 여러 개 겹친 큐브 같은 모양이어서, 건물 안의 사무실을 찾아갈 때 길을 잘 기억해야 했다. 좌회전 두 번, 우회전 한번, 반 층 올라가서 우회전. 더 이상 방향을 안내하지 못하는 지도도 헷갈리는지, 화살표가 좌우로 머리를 흔들어댈 때 익숙한 한국어가 보였다. 현관문이 열려 있는 한국 교회였다.

출발할 때 통화한 전도사님은 앞에서 반겨 주며, 만신창이가 된 자국민에게 따뜻한 커피믹스 한 잔을 주었다. 그는 사드 배치로 인한 험한 분위기에 하필 긴 연휴라 숙소를 구하기가 어려웠을 거라고 위로하며, 신도 중에 숙박업을 하는 분께 연락했다.

    잔잔한 찬양을 마무리로 예배가 끝나갈 즈음 문이 열리고 그녀가 들어왔다. 근처 아파트에서 한인 민박을 운영하는 분이었다. 사정을 딱하게 여기시고 해결될 때까지 머무르라며 맞아 주었고, 가까운 곳에 있으니 같이 가보자고 했다. 커다란 네모로 지어진 아파트는 한국이나 중국이나 모습이 다를 게 없는데, 현지인이 사는 집에 들어가려니 미지의 세계에 발을 들여놓는 기분이 들었다.

거꾸로 글자

어떻게 구한 숙소인데, 한동안 안식처가 될 민박집이 눈에 익지 않았다. 철창으로 된 공용 문을 열고 들어가면 똑같이 생긴 현관문이 옆으로 늘어선 복도가 나오는 구조로, 101동이나 102동이나 복사해서 붙여 넣기 한 아파트 단지였다. 어떻게 알게 되었냐면, 102동을 가야 하는데 101동으로 가서 집 비밀번호를 눌렀는데 틀렸다고 나와서 당황하느라 실전으로 터득한 경험이다. 제대로 숙소를 찾아가기 위해 그 집만의 특색을 외우려 했고, 현관문에 거꾸로 달아 놓은 '복' 황금색 한문을 발견했다.

ㄱ 시기는 겨울을 밀어내고 슬슬 봄이 찾아오는 중이라 새벽에 안개가 뿌옇게 끼곤 했고 차가운 아파트 단지 내 돌

아다니는 사람은 적었다. 생기를 발견할 수 있는 것은 중간중간 꾸며 둔 화단이 다였다. 채도 낮은 화단 사이를 지나 집으로 향하는 길은 묘지 사이를 걷는 것 같아 으스스했다. 풀숲 사이에서 양팔을 앞으로 나란히 든 강시가 껑충 튀어나올 것만 같았다. 그런 아파트 단지에 거꾸로 걸린 한자를 보는 건 기분이 찝찝했다. 한국에서도 가게 출입문 위에 부적처럼 기이한 문자가 새겨진 종이가 붙은 것을 종종 볼 수 있지만, 반대 방향으로 쓰인 한문은 특이했다.

나중에 시간이 지나 집주인에게 물어보니 복 글자를 거꾸로 걸어 둔 건 복이 돌아왔다는 의미로, 설 연휴에 복이 집 안으로 들어오게끔 뒤집어서 걸어 두는 것이라고 했다. 신경 쓰이던 화려한 복 글자는 이방인이 집 앞을 지나치지 않게 반짝거리며 시선을 끌었다. '돌아와요. 집으로'

나를 잊지 말아요

　명절 여행을 같이 온 친구는 덩달아 탈출기를 체험했다. 여행 동반자라는 이유로 경찰서, 영사관, 숙소 예약까지 따라다니느라 여행다운 날을 보내지 못했다. 호텔 체크아웃과 동시에 노숙자가 될 뻔했지만 머무를 숙소가 확보되었으니, 친구는 예정대로 귀국해도 충분했다. 옆에서 정보를 수집하고 길을 찾고 통번역에 귀 기울이며 넘칠 만큼 도와주었다. 다만, 친구가 돌아가면 혼자 중국에 남았다가 어떤 영화 속 장면처럼 앞으로 영영 못 보게 되면 어떡하냐고, 마지막 목적지일 수 있으니 하루 더 있어 달라고 유언처럼 부탁했다.

　속 주머니를 뒤진 건 소매치기의 보이지 않는 손인데,

길에서 옷깃만 스쳐도 몸을 움츠러드는 상태로, 나 혼자 모두를 경계하고 있었다. 그 때의 내 얼굴에는 '아무도 못 믿음'이라고 쓰여있었을 거다. 고국으로 한참 동안 못 돌아가게 되어도 행방을 추척할 수 있도록 거주지를 공유한 친구가 있으니 조금 안심이 되었다.

민박집에 도착해서야 내일이면 친구를 보내줘야 함에, 함께 있을 시간이 얼마 안 남은 게 피부로 느껴졌다. 짧은 여행을 와서 돌발 상황으로 여행을 망쳐 버린 미안함을 털어 놓았다. 그녀는 해볼 수 없는 경험을 했다며 며칠 더 있어 주고 싶지만, 귀국해야 함을 안타까워했다.

우리는 짐을 민박집에 두고 그동안 다니지 못한 투어를 나갔다. 가려고 했던 많은 장소의 목록 중에서 가볍게 구경할 수 있는 티엔즈팡으로 목적지를 정했다. 한국의 인사동 같은 곳으로 아기자기한 소품 가게와 드럭 스토어, 디저트 가게가 밀집된 곳이다. 여러 가게를 들락거리며 탐방하고 군것질 거리를 먹으며 여행의 기분을 누렸다. 그날은 근처 쇼핑몰에 배치된 병아리 조형물도 귀여워 보였고, 서로 리락쿠마 곰 인형 옆에서 사진을 찍어 주기도 했다. 티엔즈팡 이후에 다른 관광지를 둘러볼 시간이 충분했는데 친구는 숙소 주변을 산책하자고 했다.

숙박하는 동안 오전 10시 이후에는 방을 비워야 하고 오후 5시 이후에 들어갈 수 있어서, 머무를 장소가 있는지 확인할 겸 민박집 근처로 돌아갔다. 지하철에서 내려서 오른쪽으로 가면 음식점, 사우나가 있는 번화가가 있었다. 그 부근에 있는 대형 카페는 제과점도 겸하고 있었다. 시간마다 다른 빵이 구워지고 대체로 저렴한 가격이어서 가성비가 보장된 은신처로 제격이었다. 민박집을 지나쳐 직진하면 사거리가 나오는데 오른 편에 마트가 있고 한국 식품(라면, 김, 고추장)이 일부 비치되어 있었다.

  내일이면 떠날 친구가 머물러야 하는 나보다 더 꼼꼼히 동네를 둘러보았다.

비밀번호486

 돈이 없다. 환전해서 캐리어 깊숙이 넣어 두고 일일 체재비만 꺼내어 사용하고 남은 현금이 1,000위안밖에 없다. 급히 현금으로 해결해야 하는 건 필수 불가결한 요소인 숙박비이다.

 민박집 1일 숙박비는 300위안인데 장기 투숙객에게 270위안으로 10% 할인해 주었다. 일주일 이상 숙박을 장기간으로 간주하여, 최소 투숙일 만큼 예약하고 기간이 연장되면 다시 이야기하기로 했다. 확정된 숙박 요금을 지불해야 하는데 가지고 있는 돈이 부족하여, 2일 치 숙박료를 먼저 내고 나머지는 체크아웃할 때 내기로 했다. 기간이 연장될 수도 있으니 합리적인 결제 방법이었다.

잠깐의 시간을 벌었지만, 돈이 부족한 상황은 그대로여서 근처에 있는 국내 시중은행 ATM기를 찾았다. 숙박비 외에도 교통비, 식비, 서류 발급에 필요한 부수적인 비용과 비상금이 필요했다. 익숙한 노란색 로고는 원하는 만큼의 현금을 친절하게 건네 줄 것 같았다.

인출기 앞에서 영문으로 언어를 바꾸고 카드를 집어넣고 절차대로 버튼을 눌렀다. 오타가 포함된 듯한 메시지가 떴다.

"비밀번호 6자리를 입력해 주세요."

현금 오아시스에 와서 신기루를 본 건가, 두 눈을 끔뻑 감았다 떴다. 간단한 한 줄 메시지 속에 기재된 숫자는 비밀번호 4자리가 아닌 '6' 여섯 자리였다. 계좌 비밀번호는 4자리로 만들었고 인출 비밀번호를 따로 설정한 적이 없어서, 6자리로 설정해 둔 이체 비밀번호를 입력했다.

"비밀번호가 틀렸습니다. 오류 1회."
"비밀번호가 틀렸습니다. 오류 2회."

국내 은행이 현지화하다가 인터페이스 구성에 문제가 발생했나보다 여섯 자리 비밀번호라니 말도 안 되지, 믿을 수 없는 상황에 밖으로 나와 중국은행 ATM기기를 찾아갔다. 같은 인출 절차로 비밀번호 단계에서 똑같이 6자리를 입력하라고 요구했다. 6개의 숫자를 제대로 누르지 않고 다음 절차를 진행하라고 버튼을 눌렀을까 봐 숫자 단추를 누르고 화면에 비밀번호 칸이 까맣게 채워지는지 확인했다.

고심하며 시도하는 동안 비밀번호 오류 횟수가 5회 초과했다. ATM기 지점이 바뀜에 따라 발생한 오류 횟수도 초기화된다면 5번의 기회를 얻었을 텐데. 누적된 비밀번호 오류 횟수로 인해 카드 사용 중지되었다.

남은 위안으로 교통비와 식사 그리고 서류 비용을 지급하려니, 현금이 부족하다. 본격적인 긴축 재정이 시작되었다.

날 닮은 너

 시간이 얼마 남지 않았다. 계획대로면 한국에 도착했어야 하는 연휴의 마지막 날로 사용하던 유심도 기한이 만료되어 기능을 잃게 된다. 데이터마저 끊기면 넓은 대륙에서 존재를 드러내지 못하게 된다. 정보도 더 찾아 보고, 서류 처리가 완료되었다는 연락도 받아야 한다. 숙박 다음으로 필요한 건 유심 장착이었다.

 유심을 구하는 방법은 시내의 휴대전화 판매장이나 공항에서 사는 것인데, 외국인은 여권을 보여줘야 유심을 살 수 있다. 한국으로 출발해야 하는 친구의 생기발랄한 여권이 보였다. 그녀에게 출국 수속을 밟기 전에 유심을 구매해 달라고 했다.

입국장 한쪽 벽을 차지하고 있는 SIM 카드 판매장을 둘러봤다. 사용 기간, 하루에 사용할 데이터양, 전화 가능 유무를 따져 봤다. 한 달 사용에 통화가 가능한 상품으로 고르고, 저렴한 가격으로 판매하는 매장을 찾아갔다. 여권을 제출할 친구가 사용할 것처럼 주문하고 계산하려고 하니, 직원이 나에게 알은체했다.

"너 어제도 왔잖아. 오늘은 친구 데려온 거야?"

전 날은 숙소 옮기느라 공항까지 올 여유가 없었다. 4일 전에 상하이에 왔는데 그때 유심 구매에 대응해 준 사람이냐고 물어봤다. 직원은 어제 본 게 맞고 유심 판매할 때마다 신분증을 찍어 두니 보여주겠다고 했다. 구매자 명단에 찍힌 사진은 웨이브 진 갈색 머리에 안경을 쓰고 입은 외투가 다른, 나와 흡사하게 생긴 모습이었다. 나에게 도플갱어가 있다면 그 사람일 것이다. 하루 먼저 와서 마주쳤다면 어떻게 되었을까?

꼬깃꼬깃 쌈짓돈

 탑승 수속을 마치고 그녀의 캐리어가 컨테이너 벨트에 실려 들어갔다. 이제 친구도 출국 심사하러 가는 인파에 묻혀 시야에서 사라질 거다. 빨간 연휴는 놀러 가는 날이라고 꼬드겨서 데리고 왔는데, 근교 소도시 여행은 무슨…. 공공기관 투어를 보여줘서 미안할 따름이다. 못난 여행 동료 만나서 고생했는데 가는 동안 푹 자고 조심히 도착하라고 인사했다.

 친구는 한국에 도착하면 도울 수 있는 걸 다방면으로 찾아보겠다고, 불행히도 오래 머무르게 되면 꼭 보러 올 테니 기운 잃지 말라며 내 손에 동그란 지갑을 쥐여 주었다. 쨍그랑 동전과 돌돌 말려 있는 지폐가 지갑 속에 한 팀으로 뭉쳐 있었다.

    카페에서 디저트를 구경만 하고 소품 가게에서 귀여운 캐릭터를 들었다 놓던 그녀의 모습이 떠올랐다. 마땅히 살 게 없어서 구매하지 않았다고 생각했는데, 속 깊은 그녀는 혹시 모를 불안한 상황을 대비하기 위해 허투루 돈을 쓰지 않았던 것이다. 더 챙겨 주고 싶은데 인출을 못 하는 상황이라 안타깝다며 가지고 있는 현금을 모두 주었다. 지갑에 담긴 마음이 너무 고마워서 따라가고 싶었다.

체류자의 일상

상하이 콜롬버스

 여리여리한 유채꽃이 자기부상열차가 지나가는 바람에 몸을 가누지 못하고 휘청거렸다. 휑한 논밭을 채우는 노란 물결이 파도처럼 퍼져 나가며, 꽃가루 묻은 바람이 친구의 빈자리를 훑는다. '이 또한 지나가리라, 다시 오지 않으리라.' 당면한 순간을 받아들이고 이겨내기 위해 명언을 나직이 소곤거렸다.

 친구를 바래다 주고 민박집으로 처음 온 식객처럼 쭈뼛거리며 들어갔다. 혼자 묵어야 하는 손님이 되었으니, 방을 옮기기로 했다. 3인실 방에 친구와 둘이 하룻밤 묵는 동안 1인실 방이 준비되었다. 그 방은 가끔 장기간 방문하는 교수님이 전용으로 묵는 곳인데, 몇 개월 뒤에 올 테니까 그동안 사용하라고 배정해 주었다. 단골 손님의 직업에서 풍기는 느낌 때문에 괜히 방이 스위트룸으로 업그레이드 된 것 같았다.

붙박이 옷장, 서랍장, 책상, 침대가 있는 풀옵션 원룸일 뿐인데 괜히 침대가 더 높은 것 같고 이불도 푹신하게 느껴지고 창문 밖의 풍경도 평화로워 보였다. 만약 성수기여서 모든 방의 예약이 들어차면, 기다란 3인실 방에서 도미토리처럼 모르는 이와 같이 방을 쓸 수도 있는 상황이었다. 온전히 혼자서 휴식할 수 있는 공간을 부여받은 것에 감사했다.

이 방에 들어오면 내 공간에 온 기분이 들게 분위기를 전환하고 싶었다. 단출하기 짝이 없는 캐리어 속 살림을 꺼내 가구 위에 세팅했다. 책상 위에 일기장으로 쓰려고 산 노트를 올려 두고 언제든 쓰고 싶은 것이 생기면 적으려고 펜도 두었다. 벽에 부착된 3단 붙박이 장은 한 칸은 다른 계절의 이불이 터줏대감처럼 자리를 차지하고 있었고, 세로형 칸과 가로 선반은 비어 있었다. 단 한 벌의 외투를 걸고 여벌의 옷도 옷걸이에 입혀 다 걸어도 옷장 안의 공간은 반 이상 비었다.

속이 빈 캐리어까지 마저 옷장에 넣은 뒤, 창문을 열고 큰 키의 나무들이 병풍을 두르고 있는 아파트 단지 풍경을 눈에 담았다. 어두워 지기 전에 둥지를 찾아가는 새의 지저귐이 들렸다. 방 안을 채우는 느슨함을 신선한 공기로 채우며, 깊게 숨을 들이쉬었다. 몽상가에서 여행객의 현실 모습으로 돌아왔다. 내일부터 심화 과정 시작이다.

사소한 순간

오전 7시 정각, 알람이 조용히 흔들린다. 낯선 공기를 덮고 뒤척이다가 까무룩 잠든 지 1시간이 조금 지났다. 묵직한 이불 속으로 파고들고 싶지만 빠르게 움직여야 하루라도 빨리 귀국할 수 있으니 벌떡 일어나 옷을 갖춰 입었다. 경량 패딩 안주머니에 지갑과 분실 신고 접수증을 깊숙이 찔러 넣고 지퍼를 단단히 잠갔다.

출근자들로 가득 찬 지하철은 지옥철이 따로 없다. 이렇게 많은 탑승객 중 기술 좋은 소매치기가 외국인을 알아볼까 봐 코트를 끌어안고 신경을 곤두세웠다. 도착할 역을 알리는 방송이 들리지 않을 정도였다. 꽉 찬 사람들 틈새로 지하철 노선도에 표시된 현재 위치를 눈으로 좇았다.

연휴가 끝난 첫 번째 영업일에 출입국 사무소에 1등으로 도착해서 번호표를 뽑았다. 휴가를 보내고 온 직원들이 업무에 복귀하는 모습을 대기석에서 지켜봤다. 어느 창구에서 내 번호가 불릴지 알 수 없어서 전광판과 창구 안 직원들을 번갈아 보았다.

  기다리는 사이 점심시간이 되어 직원들이 사라졌다. 도시락을 들고 삼삼오오 창구 뒤편의 공간으로 이동하고, 몇몇은 밖으로 사라진다. 한 시간만 기다리면 다시 업무가 재개될 텐데 시간을 못 맞춰 부름에 응하지 못하면 처음부터 다시 기다려야 할 까봐 대기석에서 가만히 있었다.

  1시에 복귀하는 직원이 있고 그 후에 복귀하는 직원들이 있어서, 도대체 점심시간이 몇 시간으로 할당된 건지 알 수 없었다. 그마저도 복귀한 직원들은 2시쯤 체조 시간이라며 자리를 비웠다. 저들 중 여권 말소 신청을 받는 담당자만큼은 자리로 돌아와서 처리해 주길 바라며 앉아 있었다. 행여나 화장실이라도 갔다가 불렀는데, 없었다고 할까 봐, 물도 마시지 못했다.

  뽑아 놓은 번호가 전광판에 표시되어 총알같이 창구로

찾아갔는데, 자국민이 우선이라며 불리려면 한참 먼 번호표의 대기자 요청 건을 처리했다. 아침 일찍 와서 계속 기다려서 내 차례가 되었다고 이야기해도 직원들은 본체만체했다. 업무 종료 시간이 되어 창구 문은 닫혔고, 뽑은 번호표는 제 기능을 하지 못했다.

생활계획표

관공서의 업무가 끝나면 내가 해 볼 수 있는 시도도 자동 종료된다. 책이라도 있으면 남은 시간 동안 읽고 또 읽어서 외우기라도 할 텐데, 얇은 책 한 권도 없었다. 오가며 들른 문구점에서 구매한 노트 한 권과 볼펜 한 자루가 소중한 자산이었다. 홀로서기 하면서 답답한 상황에 의지가 무너질까 봐 다이어리 삼아 일기를 남겼다.

노트 앞 장에 1월과 2월 달력을 만들었다. 도착했던 날과 오늘에 이르기까지 다녀온 경로를 기록하고 2월에 신청해야 하는 여권 말소신청, 여권 재발급신청, 비자 신청의 주요 일정을 표시했다. 소요 기간은 예측할 수 없지만 대략 3~4일로 추정하여 가져가야 할 서류를 써 두었다. 준비가 미흡하여 반려될 사항을 사전에 방지하기 위함과 그 날짜에는 꼭 해결되길 바라는 소망을 담아 꼼꼼히 적었다. 여러 날 중 여권을 받을 수 있는 예상 일자에는 동그라미를 진하게 두 번 그렸다.

다음 장에는 원형 그래프를 그려 하루 계획표를 세웠다. 6시에 일어나서 7시에 출발하고 8시부터 16시까지 출입국사무소를 지키는 흐름이다. 접수에서 밀리거나 직원이 퇴근하여 여권 접수 처리가 일찍 끝나는 날은 두 번째 계획으로 경찰서에 들러 필요한 서류를 찾는 것으로 표시했다.

다이어리에 해야 할 목록을 적어 둬서 다행이었다. 당황해서 방향을 잡지 못했다면 서류 접수 신청이 늦어져서 돌아오는 날짜가 멀어졌을거다.

고독한 방

 조용한 시간 속이었다. 대화를 나눌 기회가 출입국 사무소나 경찰서밖에 없으니 행정 처리가 끝나면 묵언 수행이 시작됐다. 언젠가 언어가 안 되는데 해외여행을 어떻게 갈지 걱정하는 질문을 받은 적이 있었는데, 말할 기회가 있어야 따라오는 궁금증이라고 답하고 싶다. 고막에 가시 돋친 듯 목소리도 잃어가고 있었다.

 데면데면한 토요일 아침, 옷가지를 챙겨 근처 카페로 향했다. 저녁이 되기까지 카페에 오래 머무는 것 같아서 카페로 가기 전에 동네부터 산책했다. 아파트 옆에 휴대전화 가게는 VPN 유료 서비스 홍보물이 전월세 물건처럼 덕지덕지 붙어 있었다. 자국민 문화 보호를 위해 차단된 해외 포

털사이트와 메신저는 유료 서비스를 이용하면 사용할 수 있다. 어떤 상품으로 홍보하는지 힐끔거리다가 고개를 절레절레 저었다. 곧 WIFI 빵빵 터지는 국내에 도달할 테니까 잠깐의 디지털 디톡스는 건강을 위해 감수해 볼 만했다.

점심시간을 지나 도착한 카페는 모여든 사람이 가득했다. 적당히 앉을 구석 자리를 찾고 주문하러 갔다. 메뉴판을 뚫어져라 쳐다보았지만 결국 시키는 건 아메리카노와 물 한잔이었다. 몇 시간 뒤에 빵을 추가 구매할 요량으로 시간차를 두고 주문했다.

카페에 머무는 동안 노트에 어제 겪은 일을 기록하고 다음 주에 꼭 처리되었으면 하는 사항들을 적었다. 손이라도 움직이면 멈춰있는 시간도 꿈틀거리는 듯했다. 두어 장 빼곡히 채운 노트를 옆에 두고 휴대전화 화면을 밝혔다. 와이파이가 연결되어 짱짱한 위챗(중국 채팅 앱)의 활성도에 비해 한국 메신저는 빨간 화살표만 태깅되어 있다. 시간 때우기 용으로 캐릭터를 성장시키는 게임을 접속했다. 레벨을 상승시키려 힘겨루기도 해야 하고 치장도 해야 하는데 버벅거림이 심해서 그사이에 캐릭터 에너지가 소실됐다.

카페 안을 가득 채운 손님의 무리가 한바탕 바뀌고 나

면 나만 혼자 제 자리를 지키는 엉덩이 무거운 손님이 되어 있었다.

5시가 되기 전에 카페에서 나왔다. 들어가는 길에 오전에 걸었던 길을 반대 방향으로 산책했다. 아파트 옆의 휴대전화 가게에 붙여 놓은 유료 서비스 안내에 눈길이 머물렀다.

대륙의 향

나라마다 특유의 향이 있다. 장소와 날씨의 영향이 있겠지만, 공기 입자 사이에 묻어오는 독특함이 있다. 바다 짠내, 아스팔트가 익어가는 냄새, 쉬지 않고 돌아가는 에어컨 엔진 냄새, 열대 과일에 뿌려진 젓갈 같은. 문화가 반영된 냄새가 있다. 공기 중의 향은 금세 무뎌지는데, 음식에서 풍기는 향은 도전정신이 필요하다. 한국어 안내가 미비하고 번역 서비스가 활성화되지 않았을 때는 메뉴판의 사진만 보고 먹을 수 있을 것을 골라야 했다.

거리를 걷다 맛있는 고기구이 냄새가 나서 식당으로 들어갔다. 먹음직스러운 갈비 덮밥이 자차이와 같이 서빙됐다. 고기 한 조각 얹은 밥을 한 큰술 크게 떠서 입안에 넣었다. 알 수 없는 향이 입안을 가득 채우고 뇌세포까지 전달되어 휴지를 찾아 뱉어버렸다. 알싸하고 꿉꿉한 향은 물로 입을 여러 번 헹궈도 남아 있었다. 배가 고파서 뭐든 먹을 수 있었는데, 정체를 알 수 없는 재료로 인해 반강제적 다이어트가 시작됐다.

배고픈 여행객은 길거리 음식에 추파를 많이 던졌다. 작은 가판에서 오동통한 오징어를 종이컵에 담아 팔길래, 맛이 뻔한 오징어로 허기를 달래려고 한 컵 샀다. 이쑤시개로 한 조각 집어 부드러운 몸통을 씹었는데 오징어에 입혀진 팔각향과 고수가 버무려진 향에 혀가 얼어붙었다. 어버버버…. 판매하는 상인 앞에서 뱉지 못하고 바쁘게 가방 안의 봉지를 찾았다. 이쯤 되면 도전이 아니라 먹을 수 있는 음식을 찾는 기행이 됐다.

편의점에서 무난하게 마실 수 있는 코카콜라를 골라 계산대로 가는데, 한편에 마련된 코너에서 온천욕 하는 달걀이 보였다. 뜨뜻하게 달걀을 데우는 검은 물의 정체가 예사롭지 않았다. 근처만 가도 풍기는 한약재 향기에 포기를 선언했다. 몇 번의 실패로 먹을 수 있는 음식의 범위를 깨닫게 된다.

토마토 달걀볶음

"한국인은 가둬 놓고, 밥이랑 김치만 주겠어!"라고 어느 글에 달린 댓글이 생각난다. 한식 보기 힘든 해외에서 기본 반상을 잠자리까지 제공하며 차려준다면 어디로 가면 되냐고 물어보고 싶은 댓글이었다. 힘의 원천이 되는 밥은 세끼 식사 중에서도 아침 식사가 끼치는 영향력이 가장 크다. 점심은 대충 먹고 저녁은 안 먹어도 되지만 아침만큼은 꼭 챙겨 먹고 다녀야 한다는 건 한인 민박도 동일했다.

처음 맞이한 아침상은 뜨끈한 밥과 숙주나물무침, 말캉한 주홍빛 총각김치, 토마토 달걀 볶음으로 차려졌다. 맛이 쫴 들어 물컹해졌어도 식탁에서 올라온 김치 한 접시가 반가웠고, 토마토와 달걀로 만든 요리는 의심할 여지 없이 맛

있었다.

"어이쿠, 토마토 달걀 볶음까지! 정말 감사합니다."
허리 숙인 배꼽인사가 저절로 나왔다.

감격의 호응에 힘입은 주인 언니의 경쾌한 칼질 소리로 주방의 아침이 깨어났다. 다음 날 아침 메뉴는 편으로 썬 토마토가 올라가 있는 토마토 달걀국으로 중국식 냉면과 비슷한 모양이었다. 그다음 날은 토마토 달걀 볶음면이었는데 밀가루 대신 두부로 만든 면이라 소화에 부담되지 않고 포만감이 지속됐다. 그렇게 다음 날은 토마토 달걀찜, 토마토 달걀 볶음, 토마토 달걀덮밥, 토마토 달걀 비빔면, 토마토 달걀 국수, 토마토 달걀볶음밥, 토마토, 달걀, 토마토, 달걀. 상상할 수 없는 음식의 주재료로 토마토와 달걀이 들어간 메뉴가 체크아웃하는 날까지 제공됐다.

영화 〈올드보이〉 중국판이 만들어진다면 군만두가 아닌 토마토 달걀 볶음이 나와야 현실고증이 될 것이라고 확신한다. 숙박 초반에는 아침으로 접하던 토마토 달걀 요리는 나중에 저녁으로도 제공되었다. 메뉴가 달라도 조리법이 볶거나 끓이거나 찌는 것으로 열이 가해지는 방법만 다를 뿐이지, 익힌 토마토와 달걀의 한 그릇이었다. 이렇게 토마토 달걀 요리만 먹다가, 물레 바늘에 찔리면 토마토케첩이 나올 것만 같았다.

그만 먹고 싶다고 말도 못 하고 주는 대로 감사히 먹어야 하는 상황에 시나브로 토마토 인간으로 변해갔다.

니 내 누군지 아니?

　무거운 마음을 삼키는 식도의 꿀렁임이 느껴질 만큼 느린 일요일, 영업일 시작만 기다려야 되는 주말은 시간이 넉넉했다. 며칠간 새벽 외출과 저녁 귀가로 거리에서 들이마신 차가운 공기가 목 안을 사포로 쓸어내렸다. 침을 삼킬 때마다 따끔거리고 코도 한쪽이 막혔다. 단수여권이 나오면 비자를 발급하러 영사관으로 찾아가야 하는데 컨디션에 이상이 생기면 안 된다.

　주말에 문 연 약국이 있는지 약국처럼 보이는 상점을 기웃거리다가 흰 가운을 입은 약사가 보여 문을 열고 들어갔다. 감기를 영어로 설명하고 중국어 단어를 보여주며 감기약이 필요하다고 얘기했다. 멀뚱히 바라보기만 하는 약사에게 목과 코를 가리키며 '아야'라고 직설적인 아픔을 표현했다.

약사는 주거단지에 나타난 외국인이 신기한지 어느 나라 사람이고 얼마나 여행하냐고 물어봤다. 출입국 사무소에서 대응을 회피하던 상황과 달리 호기심이 반영된 부수적인 질문이 오묘한 감정을 불러일으켰다. 알약 한 통을 받아 집으로 걸어 오며 국가 간 관계로 파생된 여파가 어디까지 뻗쳤을까 고민했다.

매너가 사람을 만든다

 "네가 잘 못해서 맞으면 어쩔 수 없는 거야." 민박집은 주인 언니와 7살짜리 아들이 살고 있었다. 연휴가 끝났는데 남아 있는 여행객이 얼마나 머무를 사람인지, 아이의 시선에 호기심이 어렸다. 아침 식사를 하거나 외출하고 돌아올 때 내 발걸음 따라 힐끔거리는 것을 느낄 수 있었다. 누나라고 하기엔 나이 들어 보이고, 이모라고 하기엔 젊어 보이는 손님을 어떻게 불러야 할지 쭈뼛거렸다.

 TV는 거실에 한 대 있어서 저녁 시간에 시청하려면 가족과 나란히 앉아 봐야 한다. 주인 언니의 부름이 있기 전까지는 안보고 방으로 들어가곤 했다. 며칠이 지난 후에야 같은 공간에서 편한 차림으로 TV를 같이 보고 있으니, 아이의 경계심이 누그러졌다. "누나! 아…. 이모! 같이 오목 둬요." 판을 깔고 바둑돌을 잡고 첫 번째 판은 준비운동으로 져줬다. 아이는 신이 나서 오목을 한 번 더 두자고 했고, 허점이 많은 오목판이라 적당히 둔 검은 돌이 5개를 만들어 버렸다. 두 번째 판에서 지게 되자 분노한 아이는 판을 뒤집어엎고 바둑돌을 바닥에 뿌리며 소리 지르기 시작했다. 설거지 중이던 주인 언니가 와서 아이의 양 팔을 꽉 붙잡고 소리쳤다.

"승부를 겨루면 승이 있고 패가 있는 거야. 이겼을 때 기뻐했으면 졌을 때도 결과를 받아들여야지. 네가 이렇게 판을 엎고 깽판을 부리면 같이 어울리는 형들이 널 때려도 맞을 수밖에 없는 거야! 네가 잘 못해서 맞으면 어쩔 수 없는 거야!"

산아제한으로 가구당 1명의 아이를 낳아 기르는 문화여서 친구가 형제가 되기에, 그들과의 예의가 중요하다고 가르침이 이어졌다. 그 자리에서 바로 호되게 꾸짖은 건, 훈육을 다음으로 미뤘다가 아이가 잘못된 행동을 해서 왕따가 돼버릴까 봐 즉각 대처하는 것이라고 했다. 외동이 대부분인 중국 아이들 사회에서 왕따가 되면 걷잡을 수 없다고 했다.

"이모한테 사과드리고 네가 어지른 거 다 치운 다음에 자러 가."

아이는 잘 못 했다고 두 손 모아 공손하게 사과했다. 같이 치워주고 싶었지만, 아이가 직접 정리해야 한다고 하여 도우려던 손이 머쓱해졌다. 아마 그날 저녁 잠들기 전에 언니는 아이에게 더불어 살아가야 하는 사회이기 때문에 자제해야 하는 행동이고, 앞으로 멋진 아이로 자랄 수 있다고 꼭 안아 줬을 것이다.

유쾌한 아주머니

〈I ♥ SH〉 간판이 대문짝만하게 걸린 난징둥루는 지오다노가 중심에 있고 근처에 시티투어버스 정류장이 있으며 맥도날드, m & m, 에크 타르트 맛집으로 채워져 있다. 이른 아침에 운동하는 사람들이 사라지면 상인과 관광객으로 거리가 미어지는 유동 인구가 가장 많은 거리다.

그 거리를 걸어오던 청년의 손에 들린 휴대전화를 지나가던 아주머니가 낚아채갔다. "호호~ 호호~" 웃으며 경보 걸음으로 사라지는 그녀를 청년은 성큼성큼 따라갔다고 한다. 휴대전화를 쥐고 있는 아주머니의 뒷덜미를 잡은 그는 왜 휴대전화를 뺏어 가져가냐고 한국어로 화를 냈다고 했다.

"호호호~ 그럴 수도 있지." 손을 내젓는 그녀의 손에 꼭 쥐어진 휴대전화를 뽑아내서 되찾았다는 그의 이야기를, 출입국관리소에서 대기하던 중 들었다. 대놓고 가져가고 들키면 별거 아니란 듯 실수라고 돌려준다는 아찔한 촌극에 아이디어가 떠올랐다.

이런 게 흔한 상황이고 짬짤한 소일거리라면, 여권 발급만 기다릴 게 아니라 동참하는 것은 어떨까? 휴대전화보다 여권이 손에 쥐는 현금도 더 많을 테니 '별거 아닌 여권 수집'을 종목으로 활동해 보는 거다. 얘기를 들려준 대기자가 아이디어를 듣더니 어깨를 찰싹 쳤다. 그건 한국 여권이 비자 없이 여러 국가를 다닐 수 있는 장점이 있기 때문인 거고, 한국 여권을 수집해서 동포의 뒤통수를 치려는 것이냐고 말이다. 일리가 있다. 힘든 상황이라고 같은 처지인 사람을 만들어봐야 대기 순번만 늘어난다.

가족같은 사이

 숙소에서 며칠 지내다 보니 주인 언니는 정이 들었나 보다. 조식 제공에 이어 석식 제공까지 제공해 준다고 했다. 후한 인심이 의심스러운 순간, 밥은 잘 먹고 다니는지 묻는 메시지가 도착했다. B & B(Breakfast & Bed) 형태에 D도 추가 될 것 같다고, B & B & D(Dinner) 형태로 바뀌기도 하는 것 같다고 있었던 일을 알려줬다. 지인은 "중국인이 베푸는 친절에는 이유가 없을 수 없다. 부정적으로 대하면 쥐도 새도 모르게 사라질 수 있으니까 부드럽게 대하는 건 유지하고, 개인 정보 노출에 특히 조심할 것."이라고 주의 사항을 일러 주었다. 살벌한 조언과 달콤한 친절 사이에 저녁 식사를 하고 거실에서 TV를 시청했다.

주방 정리를 마친 그녀는 내 옆에 앉아 그동안 사업하느라 늦게 결혼하게 된 것과 한국인 남편 사이에서 얻은 아들, 그리고 이혼하기까지의 인생을 털어 놓았다. 화장품 사업을 크게 했던 분인데 이혼을 겪으며 많은 것을 잃고 민박만 운영하는 중이라며, 본업이었던 화장품 사업을 그리워했다. 한국에 가서 시장 조사를 하고 사업자금으로 몇천만 원만 투자받으면 결혼 전처럼 화려하게 사업을 시작할 수 있다는 야망을 품고 있었다.

그런데 입국하려면 신원보증이 필요하니까 도와달라고 했다. 자매들이 한국에 거주하고 있는데 신원보증을 안 서준다고 했다. 아들의 국적 문제로 1년에 한 번은 한국에 입국해야 하는데 어린 아들은 한국인 입국라인에 서야 하고, 본인은 중국 여권이라 따로 찢어져서 들어가야 한다고 눈물을 글썽였다. 이렇게 알게 된 것도 인연이라, 입국할 때 신원 보증인으로 나서달라고 하며 내 명함과 집 주소를 받아갔다.

가족이라도 보증 서주는 거 아니고 도장도 함부로 찍으면 안 된다고 귀에 못 박히도록 들어왔는데 이게 무슨 말인가. 출입국 사무소로 가서 빠른 처리를 요청해야 했다.

로맨틱한 상하이

친해질수록 서로 간의 안전 거리는 지켜져야 한다. 지난 인생과 마음 속에 품은 이야기를 보여 준 주인 언니와 친밀감이 형성되어 버렸다.

그녀는 내가 야근하며 회사 생활하는 것을 본인 일인양 안쓰러워했고 직장보다 가정을 이뤄 안정된 삶을 살길 권유했다. 출입국 사무소에서 돌아온 모습이 처량해 보였는지 상하이 남성과 연을 맺으면 낭만적인 삶을 누릴 수 있을 거라고, 한국으로 가는 것보다 중국에 생활 터전을 꾸리는 게 인생 역전이 될 수 있다고 했다. 명절 잔소리를 피해 여행 왔다가 가정을 꾸려야 한다는 압박 면접의 장이 열렸다.

중국 남자는 신사적이고 아내를 아끼는 마음이 커서 집에서 요리도 안 하게 하고 손에 물 한 방울 안 묻히게 하는 로맨티시스트라고 자랑했다. 한 살이라도 어릴 때 가정을 꾸려 아이를 갖는 것이 어떠냐며 맞선을 주선하려고 했다. 탄탄한 회사에서 근무하는 건장한 중국 남성으로 여성을 위할 줄 아는 젊은이라고 했다. 키도 훤칠하게 잘생겨서 어느 배우를 닮았다고 중국 연예인 이름을 읊어 주었다. 당장이라도 앨범을 꺼내 남성 사진과 신상 정보를 보여줄 듯한 그녀의 기세에, 사진은 궁금한데 호응할 자신은 없는 이중적인 모습이 튀어나왔다.

상하이 가정집까지 이어진 결혼 추천사는 교장선생님 훈화 말씀처럼 마지막에 마지막까지 행렬을 이뤄 나갔다. 이 집에서 다른 곳으로 옮길 곳도 없는데 사면이 막힌 공간에서 맞선 4중주를 꼼짝없이 들어야 했다. 그녀의 시선을 의도적으로 피하고 천장을 바라보며 도돌이표 이야기가 얼른 끝나길 기도했다. 전날 저녁 우리가 나눈 대화에서 상호 간에 이해한 교훈이 달랐나보다. 결혼을 해야 사람 사는 모습이 되는지 명절의 잔소리가 국경을 넘어 이어지는 것을 이해할 수 없었다. 더군다나 해외 거주 로망이 없고 궁금하지도 않는데 국제 맞선이라니, 전혀 흥미가 없었다. 어떤 부분이 상하이 거주 권유 버튼을 누르게 한 건지 감이 오지 않았다.

인구 문제에 일조하는 비혼주의자, 문제아가 되어 꾸중의 굴레에서 빠져나오지 못하는 기분이 들었다.

가지마 가지마

 순간 홀릴 뻔했다. 한인 타운에 숙박 정보를 얻으려 찾아갔을 때, 디저트 가게 사장님은 '기회의 땅' 중국을 추앙했다. 앱 하나 만들어서 사용료로 100원만 받아도 중국 전 국민이 사용하면 1,400억을 번다며, 평생 일해도 못 만져볼 금액으로 꿈의 중국을 이야기해서 솔직히 혹하긴 했다.

 말씀해 주시는 분은 1,400억의 이익을 창출하신건지 물어보니 기술이 없어서 못 한거라고 했다. 중국 취업의 문도 열려 있으니 IT 관련 일을 하는 사람이면 한국으로 가지 말고 대륙의 큰 시장에서 프로그램을 만들라고 뜬구름을 잡았다. 확실한 증빙 자료를 보여줘도 신뢰할 수 없는 처음 본 사이에, 중국 정보통신업계로 뛰어들라는 확신에 찬 추천은

패기가 가상했다. 중국에 정착한 교민은 옆 둥지에 새로운 교민을 늘리려는 듯, 중국에 살면 좋은 점만 늘어놓고 한국으로 복귀해야 할 이유는 중요하지 않다고 혼선을 줬다.

한국에 가족이 있고 번듯한 직장이 있고 기다리는 친구가 있다. 예상치 못한 사건으로 인해 갑자기 상하이로 거주지를 바꿀 만큼 매혹적이지 않았다. 불행히도 다행스럽게, 믿을만한 상황과 친절함을 경험하지 못해서 로맨틱한 결혼생활이나 억대 사업의 허상에 빠지지 않았다. 사탕만 발라놓은 추천사는 어린아이가 봐도 먹었다가 혼쭐이 날 것 같은 단 것이었다.

신분 회복

천사와의 만남

　출입국 사무소에서 반가운 한국어가 들려 주위를 두리번거렸다. 여행사에서 나온 분인데 단체 여행객의 여권 대행 처리로 들린 분으로 웬 한국인이 혼자 오래 앉아있길래 말 걸어본다고 했다. 대명절인 설 연휴라 근무하는 직원이 적고 국가 간 갈등으로 처리를 미루느라 억울한 상황이 이어질 수 있으니 꿋꿋하게 잘 견뎌내라고 했다. 그래도 명절이 지나 평일이 되어 외국인, 여행업 관련자들이 하나둘 보였다. 짧은 반가움이 지나고 내 번호가 전광판에 떴다.

　창구로 갔는데 대기석에 없던 중국인이 새치기하고 직원은 그 사람 요청부터 먼저 처리하려 한다. 3시가 가까워지는 시간이라 다른 사람 건을 처리하면, 오늘 하루는 또 시도하지 못하고 끝난다. 내 다음 번호로 대기 중이던 한국 청년이 나와 같이 온 일행인 듯 다가와 항변에 힘을 실었다. 청년은 창구에서 들리는 답변은 못 알아듣겠다고 가차 없이 자르며, 왜 순서대로 처리하지 않냐고 벌어진 상황을 꼬집었다.

둘이 따지니까 창구 직원의 상사가 다가왔다. 우리는 그에게 모바일 화면으로 항공권을 예약한 내역을 보여주며, 곧 탑승해야 할 귀국행 비행기표가 이렇게 있는데 말소 신청을 받아주지 않아 불법 체류하게 생겼으니 해결해달라고 요청했다. 불법 검문으로 적발되면 100위안의 벌금을 내야 하는데 출입국사무소에서 접수 처리를 하지 않았다고 당신 이름을 대면 되냐고 말이다. 내 손에 들린 번호표와 전광판에 안내된 번호표 매칭 사진이 찍혀 있고 직원이 처리하지 않는 지금 상황도 사진으로 남겨야 하는지 항의했다. 한국인 순서쯤은 가볍게 무시하고 자국민을 우선 처리하는 그들의 행태에 화가 단단히 났다.

그는 귀국편 항공권의 실물이 필요하다며 모바일 화면을 보여주는 건 유효하지 않고, 이메일로 받는 것도 처리 불가하다고 했다. 무조건 종이에 인쇄하되 출입국 사무소에는 프린터기가 없으니 근처 호텔을 찾으라고 했다.

사거리로 달려가 호텔 데스크로 가서 인쇄를 요청했다. 투숙객이 아닌 사람의 요청을 거절하려 해서, 출입국사무소에서 인쇄를 지시한 거라고 부탁했다. 다행히 마감 시간 전에 출력한 항공권을 가지고 창구에 돌아가서 여권 말소 신청이 접수되었다.

산을 하나 넘으니, 앞에 있는 더 큰 산이 보였다. 단수 여권과 비자를 발급받는 것인데, 보유한 현금이 없어서 난감했다. 친구들과 학회에 왔다가 번화가에서 여권을 도난당했다는 청년은 ATM 기기에서 현금을 찾을 수 있다며 선뜻 위안을 빌려주었다. 부족한 현금으로 오가느라 막막한 심정을 이해한다며 말소 처리가 된 후 진행 상황을 공유하기로 했다. 혜성처럼 등장해 바람과 같이 사라진 천사의 등장이었다.

오늘은 내가 요리사

 안전지대인 카페에서 하루를 보내다가, 주인 언니에게 연락했다. 주방을 써도 되는지 묻고 저녁 식사는 내가 차리겠다고 했다. 그날은 내 생일이었는데 저녁마저 토마토 달걀 요리를 먹고 싶지 않았다. 숙소 근방에 봐둔 마트로 가서 한국 식재료 판매대로 직진해서 한 움큼의 마늘과 미역, 참기름, 김을 샀다.

 낯선 조리 기구를 꺼내어 큰 그릇에 미역을 불리는 동안 마늘을 다듬었다. 곱게 다지고 싶은데 마늘이 커서 거친 입자가 되었다. 불어난 미역의 물기를 꼭 짜고 적당한 크기로 자른 뒤, 참기름을 두른 솥에 마늘을 볶았다. 매운맛을 잃은 마늘 향이 퍼질 때 자른 미역을 넣고 마른미역처럼 보일 때까지 볶았다. 살짝 볶은 마늘과 미역에 물을 붓고 보글보글 끓여 소금으로 간을 맞췄다. 푹 끓인 솥 안의 미역은 부드럽고 곳곳에 보이는 마늘 알갱이는 뜨거운 기포를 따라 헤엄쳤다. 미역국이 끓여지는 동안 조미김에 밥과 스크램블된 달걀만 넣은 미니 김밥을 만들고, 빨간 토마토는 다른 양념 없이 조각내어 그릇에 담았다. 초록 미역국과 노란 김밥, 빨간 토마토로 산뜻한 생일상이 완성되었다.

 외부 일을 마치고 아들과 돌아온 주인 언니는 집에서 미역국을 먹는 걸 신기해했다. 편식하던 아들내미는 미니 김밥이 맛있었는지 밥투정 없이 한 그릇을 싹 비웠다. 아무래도 조미김의 짭조름한 인기에 묻어간 것 같지만 깨끗하게 비워진 그릇을 보니 뿌듯했다. 뜨끈한 미역국으로 하루를 마무리해서 내 속도를 다시 찾은 것만 같았다. 모든 문제는 토마토 달걀의 저주였나 보다.

여기 어때?

 여권 말소 신청이 접수되어 탈출의 빛이 보인다. 말소 처리까지 3일 소요된다고 가정하고 서류 보완 요청 없이 다음 처리가 이뤄지면, 일주일 후에 귀국행 비행기에 탑승할 수 있다. 돌아오는 주말이 마지막 주말이 될 수 있다. 주인언니는 하필 도착한 날 여권이 분실되어서 여행다운 여행을 즐기지 못했을 테니 가고 싶은 곳이 있으면 소풍 삼아 다녀오자고 했다. 아이는 소풍이라는 단어에 신이 났다. 어디로 갈 거냐고, 멀리 가는 거냐고 조잘거렸다. 따라가도 될지 고민되지만, 그런 순수한 눈동자를 보면서 거절하는 것도 매몰차다.

 걱정을 누르고 이번에 여행 오면 가보려고 했던 수향

마을을 떠올렸다. 상하이에는 있는 9개의 수향 마을은 난쉰, 퉁리, 시탕, 우전, 주가각, 치바오, 저우좡, 쑤저우, 항저우가 있다. 자가운전으로 이동할 거니까 어디든 이야기하라는 배려에 이 중 한 군데를 골랐다.

친구와 가기로 했던 곳은 제외하고, 유명한 마을도 제외하고, 덜 알려졌지만 거리 이동에 부담이 없는 치바오를 선택했다. 9호선 지하철을 타고 내려서 갈 수 있는 곳으로 민박집에서 자가용으로 이동하기도 멀지 않아서 부담이 없었다. 현지인도 자주 방문하지 않는 마을로 목적지를 정해서 언니도 놀러 가는 마음에 들뜬다고 했다. 만남과 이별이 혼재된 여행을 기다리는 설렘 가득한 저녁이었다.

이산가족

　대명절의 기간이 끝나가지만, 명절의 여운을 즐기는 치바오는 축제가 한창이었다. 노란 별을 담은 붉은 등이 곳곳에 걸려 있고 파란 하늘에 걸려있는 형형색색의 만국기가 펄럭였다. 만국기보다 많이 걸려 있는 홍등은 세로로 3줄 가로로 4개, 6개씩 단체로 걸려 있어 하늘색과 대조적으로 강조되는 팝아트를 만들어 냈다.

　시내에 있어야 할 많은 사람이 수향 마을로 몰려온 건가, 차량 4차선 너비의 도로가 사람으로 꽉 찼다. 길 양쪽으로 딤섬, 찐빵, 양꼬치를 팔았는데 유독 양꼬치 한 집에 대기 줄이 길고 사람이 바글거렸다. 양손에 양꼬치 다발을 부채처럼 들고 3개에 10위안이라고 판매하는 점원과, 한 손에는 집게를 한 손은 부드럽게 공기를 가르며 골반을 튕기는 점원이 있는 지점이 인기를 독차지했다. 현란한 춤 솜씨와 더불어 노릇노릇하게 양꼬치를 구워내는 솜씨가 일품인 그 친구의 외형이 익숙했다. 집에 있는 동생과 얼굴이나 체형이 똑 닮아 이름을 부를 뻔했다.

중국어를 유창하게 하는 점원이 혈육일 리가 없는데 설마 쌍둥이 동생 중 한 명인가 상상해 봤다. 엄마 배 속에 있던 동생은 한 명이었던 걸 똑똑히 기억하는데, 아무리 봐도 내 동생과 일란성 쌍둥이인 모습이었다. 우리 가족 성씨의 시초는 중국인데 아마 그와 나는 먼 친척인가 보다.

아가 엉덩이

인파 사이에서 몸이 휘청거렸다. 주인 언니와 아들을 잃어버릴까 봐 언니 뒤에 꼭 붙어 걸었다. 주인 언니에게 집중해야 하는 시선이 그녀의 어깨너머 아장아장 걷는 아기의 뒤태에 꽂혔다.

우주복 패딩을 입은 아가의 엉덩이에 두 개의 모닝빵이 빼꼼히 나와 있었다. 끝 겨울과 초봄사이, 찬 바람이 아가 엉덩이를 찰싹 때릴 것 같은데, 남자아이나 여자아이 할 거 없이 아가들의 바지 엉덩이 부분이 반달 모양으로 뚫려 있었다. 이 바지는 아이들의 배변 훈련을 위해 입히는 카이당쿠(일명 개구멍바지, 짜개 바지라 불리는 중국의 아기 바지)이다. 토실한 엉덩이가 귀엽지만, 밖에서 드러낸 모습에

적잖은 충격 받았다. 바글거리는 사람들이 일으키는 흙먼지로 눈이 따가운 장소였다. 주인언니는 일회용 기저귀를 사용하지 않으므로 배변 훈련을 일찍이 익힐 수 있는 바지라고 알려 줬는데, 훈련보다 건강이 걱정됐다.

갑자기 주인집 아들이 화장실에 가고 싶다고 했다. 당장이라도 바지에 실수할 것처럼 울먹이는 아이를 위해 얼른 화장실부터 찾아야 할 것 같았다. 공중화장실이나 일회용 화장실을 찾는데 사람으로 가려진 동네는 상점 형태조차 알아보기 어려웠다. 주인 언니는 대소변을 참으면 몸에 큰 이상이 생기니까 얼른 담벼락에 일을 보라고 얘기했다. 쭈뼛거리던 아이는 줄지어 서 있는 차량 뒤편에 가서 내보낼 것을 버리고 왔다. 몸에 좋은 것을 우선시하는 문화를 존중하지만, 사람이 먼저인지 환경이 먼저인지 기준이 모호했다.

인터폴에서 좋아합니다

 여권이 말소되어 여권 재발급에 필요한 서류를 제출해야 했다. 기존 여권 사본과 사진이 부착된 신분증의 사본(주민등록증, 운전면허증), 반명함판 사진을 두 장 냈다. 미리 준비해 둔 서류를 제출했지만, 그 중 사진이 거절되었다. 지하 1층에 있는 사진관에 가서 오늘 찍은 사진으로 가져오라고 안내받았다.

 증명사진이나 반명함판 사진을 제출할 일은 종종 있다. 신분증, 사원증, 자격증 등에 쓰이는 사진은 스캔 되어 여러 시스템에서 조회되는 가상 캐릭터나 다름없다. 그래서 포토샵의 기술을 도움받아 두루두루 쓸 수 있는 한 장의 사진을 남기려고 후기 좋은 스튜디오를 찾아가 사진을 찍었다. 여권 재발급을 위해 제출한 사진은 3년 전 입사 제출 서류에 부착하기 위해 촬영한 사진이었다.

스튜디오에서는 파란색 또는 회색의 배경을 설정하면 비슷한 계열의 회사에 이력서를 넣을 때 유리하다고 조언해 주었다. 두 가지 색은 국내 유명 항공사의 색과 비슷하여 승무원을 목표로 하는 취업준비생들이 선호한다고 했다. 맑은 하늘을 선호하는 편이라 파란 배경을 선택했다. 계절감이 느껴지지 않을 긴 외투의 정장 상의를 입고, 어중간한 길이의 헤어스타일로 최근에 찍은 사진처럼 보일 사진을 찍었다. 사진가는 별빛이 쏟아지는 조명을 비추고 조명 판의 위치를 조정한 뒤 촬영한 사진에 몇 번의 터치를 가해 아나운서급의 증명사진을 뽑아 주었다.

초롱초롱한 눈빛, 생기 있는 피부와 밝은 미소를 장착한 신뢰 가는 아나운서 모습의 반명함판이었다. 사진과 머리 길이도 비슷하여, 6개월 이내 찍은 사진으로 보인다고 자부했다. 당연히 서류 접수가 한 번에 끝날 거라고 자신했는데 접수처의 직원은 거절했다.

"6개월 이내인 건 중요하지 않아. 지금, 지하 1층에서 찍은 사진으로 가져와."

당당한 반명함판 사진을 주섬주섬 주머니에 넣으며 지하 1층으로 이동했다. 지하 1층에 있는 사진관은 지하철역에 간이로 있는 즉석 사진기처럼 생겼다. 얼굴에 뭐라도 찍어 바를 정신도 없고 머리만 잠깐 매만지고 들어가 앉으니, "찰칵!" 4장의 반명함판이 출력되었다. 차라리 건드리지 말 걸 그랬다. 소가 핥은 것처럼 앞머리가 옆으로 뻗친 채로 찍혔다. 마음고생으로 거칠어진 피부도 도드라지고 혈색도 잃어 누리끼리한 얼굴이 노란 스웨터 위로 동동 떠 있었다.

이 사진을 그대로 제출하면 단수여권은 발급되도 인터폴에서는 그동안 찾던 지명수배자가 아니냐며 반가워할 것 같았다. 유료 포토샵 서비스는 없는지 두리번거렸다. 지하 1층은 투표장처럼 휑하게 비어 있는 공간으로 사진기만 있는 허전한 곳이었다.

대명절 선물

 비운의 여행객이 한 명일 줄 알았는데, 영사관에는 비자를 받으려는 대기인들이 여럿 있었다. 오랜만에 다시 만난 토종 한국인이 반가우면서도 대기석을 채운 인원수에 놀라기도 했다. 그들의 지난날이 궁금해서 어디에서 여권을 잃어버렸는지 물어봤다. 잃어버린 장소는 "예원, 예원, 신천지, 예원, 신천지, 예원, 예원"으로 예원이 압도적이었다.

 예원은 상하이에 여행 오면 꼭 들러야 하는 관광지 중 한 곳으로 번화한 상하이 도심지에서 고혹적인 자태를 간직하고 있는 곳이다. 고풍스러운 가옥의 지붕에 끝 선은 제비 꼬리와 같은 모양을 하고 있고, 지붕 테두리 따라 얹혀 있는 전선은 저녁에 불을 밝히며 황금빛 조명 상가로 변신한다.

황금 세상이 된 예원 거리에서 별처럼 반짝이는 상점은 아기자기한 도자기 소품을 꺼내 놓고, 달콤한 먹거리의 향으로 거리를 채운다. 풍경을 담으려고 발걸음을 멈춘 관광객은 몇 걸음 옮기지 못하고 상점으로, 가판대로 이끌린다. 화려한 예원의 모습에 넋을 잃은 이방인의 가방이 소매치기범들에겐 선물 보따리처럼 보이지 않았을까. 설 연휴라 크나큰 수탉 모형의 등 앞에서 기념사진을 찍고, 큼지막한 크기를 자랑하는 잉어도 보고 오면. 누군가는 지갑을, 누군가는 여권을, 누군가는 가방이 통째로 사라졌을 수 있다.

화려한 밤의 빛에 현혹된 관광객은 소일거리 만찬이 열리는 곳에서 소매치기의 표적이 된다. 밝게 빛나는 여행지에서 편안함을 느끼는 것은 위험하다.

별이 된 비자

　대기석을 꽉 채운 영사관이지만 일사불란하게 처리가 빨랐다. 순서대로 진행되고 중간에 다른 사람을 먼저 처리하지 않고, 필요한 내용은 한국어로 진행되니 대기하던 사람들의 질의응답 시간이 단축되어 빠른 처리가 이뤄졌다. 먼저 확인하는 것은 발급받아온 비자의 종류로, 비자 재신청을 위해 가지고 있는 비자를 제출하라고 했다.

　중국에 입국할 때 필요한 비자는 '단수비자(일회용), 더블비자(두 번 사용), 복수비자(기한 내 여러 번)'가 있다. 관광객은 주로 여행사에서 발급받은 단수비자를 발급받는데 두 번 이상 방문할 계획이라면 복수 비자가 비용적인 면에서 효율적이다. 같이 여행한 친구와 상하이 여행 다음으로 다른 도시도 다니자고 꿈꿨던 터라 복수비자를 발급받았다. 복수 비자는 여권에 부착되어 발급되는데, 나는 여권을 잃어버려 비자 재발급을 위해 제출하라는 기존 비자가 없었다.

단수비자, 더블비자, 복수 비자의 종류와 신청 방법이 명시된 사이트에는 분실 주의 라고 쓰여있었는데, 사용 범위에 비해 그 단어가 분실했을 때 어떤 영향을 가져오는지 쓰여있지 않았다.

종이로 가져온 단수 비자는 다음 날 바로 비자가 나오고, 새로 받은 종이 비자를 가지고 그대로 출국할 수 있다.
복수 비자는 신청과 심사를 거쳐야 해서 처리가 더디다. 신분과 거주지 일치 여부 등을 확인하기 위해 추가로 투숙하고 있는 거주지의 정보를 서류도 제출해야 하고, 심사가 완료되기까지 최소 3일이 소요된다. 최소 3일이라고 했지만, 장담할 수 없는 기간이다.

영사관 직원은 빠른 처리를 위해 가까운 호텔에 머물고 있으면 투숙 정보를 인쇄해 오라고 했다. 한인 민박에 투숙 중이라고 하니, 복수비자 신규 발급시 호텔 투숙 정보로 제출해도 심사가 거부될 수 있는데 일반 주택 거주 확인증은 반려될 확률이 크다고 했다. 단수 여권은 호텔 투숙이 가능한 여권이니까 일반 호텔로 옮겨 서류를 가지고 오라고 했다.

이번 서류만 제출하면 끝날 것 같다.

모의 훈련

 영사관에서 나오면서 가까운 호텔을 예약하고, 숙소를 옮기겠다고 주인 집에 연락했다. 주인 언니는 가족관계를 증빙하지 않아도 거주확인증을 발행할 수 있으니, 관리소에 가서 거주 확인 서류를 받아 주겠다고 했다.

 기관에서 정식 문서로 인정하려면 호텔 숙박 증명서를 제시해야 하고, 비자가 나오는 즉시 귀국하기 위해 이동하겠다고 사정을 설명했다. (관광 비자는 거주지 확인을 호텔 숙박으로 증빙해야 한다. 현지 숙박이 허용되는 비자는 종류가 다르다.)

 그동안 머무를 수 있게 베풀어 준 은혜에 감사 인사드

렸다. 주인 언니는 지갑에 넣어둔 내 명함을 한번 더 확인하며, 아들과 한국에 입국하는 일자가 정해지면 연락하겠다고 했다. 옷장 안에 몸을 낮추고 있던 캐리어를 앞세워 아파트 단지를 빠져나왔다.

목적지는 영사관에서 가까운 C 호텔로, 비자 신청하러 가며 봐 둔 곳이기에, 지도를 보지 않아도 찾아갈 수 있었다. 체크인 시간에 맞춰 호텔 직원에게 모바일로 예약 완료 화면을 보여주고, 달라는 여권도 건네주었다. 직원은 이 여권으로 숙박이 불가하다고 체크인을 거부했다. 단수 여권은 받아 줄 수 없다는 태도다. 영사관에서 적합한 신분이라고 준건데 왜 호텔 투숙은 안 되는 건지 문의했다. 기본 대화는 영어로 응대하던 직원이 중국어로 언어를 바꿔버린다.

상하이에 있는 한국 여행사 지점의 매니저에게 도움을 요청했다. 하루 이틀이면 비자가 발급될 여행객이고 여행사에서 보증한다고 중국어로 설명이 이뤄지고 나서야 체크인이 진행됐다. 투숙 증명서를 받아 바로 영사관으로 가려고 했는데, 실랑이하느라 호텔 투숙 증명서를 영사관에 제출할 시간을 놓쳐버렸다.

돌고 돌아 다시 온 호텔, 새침데기 같은 방으로 들어갔다. 침대, 미니 냉장고, 욕실, TV가 있었는데, 창문이 있었는지 기억나지 않는다. 어두침침했던 분위기를 아무 소리나 틀어서 환기하고 싶었다.

지치지 않습니다

기다림의 시간이 시작되었다. 아침 일찍 관련 기관으로 출근하고, 순번을 사수하기 위해 망부석처럼 자리를 지키는 며칠이 지나면 뒤이어오는 정적의 시간이다. 아무것도 할 수 없고, 처리 결과를 기다리기만 해야 하는 시간은 사람을 지치게 했다.

"띠리링 딩 딩"
보이스톡 벨이 울렸다.

"지쳐 있는 건 아니지? 다른 방법도 있나 더 찾아보고, 여권 나오면 비자도 바로 받을 수 있게 준비하고, 힘들겠지만 포기하지 말고 신분 회수되면 바로 들어올 수 있게 항공권도 잘 챙기시게."

걱정 반, 응원 반으로 기운을 북돋워 주는 직장 상사의 전화였다. 재발급 행정 처리로 무기력해진 체류자에게 다음을 놓치지 말라며 연락해 주시는 그 분의 메시지는, 주말에도 지칠 때가 아니라고 계속 일으켜 주었다.

덕분에 제출한 서류가 반려되지 않게 추가 증빙할 자료를 준비했고, 상하이 지점 여행사도 연락을 취했다. 경찰서도 몇 번 다녔더니, '쟤, 또 왔네.' 하는 눈치로 경찰들과 안면도 텄다. 주저앉지 않고 움직인 덕분에 단수 여권까지 발급 받았다. 비자 발급은 무탈하게 담당자들이 정상 처리를 해주기 위해 기다리는 것밖에 할 수 있는 것이 없는 끝 단계였다.

"띠리링 딩 딩"
보이스톡 벨이 울린다.

"어떻게, 잘 해결되고 있는가? 오늘 영사관은 갔는고? 여권은 받았고? 비자는 내일 나오는가? 왜 비자를 다시 신청해야 하는가? 언제쯤 올 수 있는가? 왜 3일이나 걸린다고 하나?"

"진행하는 프로젝트의 회의 일정이 연기되고 일부 지연이 발생해서 말이지. 빨리 돌아오는 게 좋겠는데, 영사관도 가고 경찰서도 가고. 여권 받으면 연락해 주고. 돌아오면 사고경위서도 제출하시게."

처리 절차와 소요 시간을 물어보면 일개 여행객이 알 수 없는 부분이라 답답했다. 더군다나 대화 중 현실로 복귀시키는 업무 이야기는 집중할 수 없었는데, 이곳에 머물 사람이 아니라고 인지시키는 그 분만의 응원이었는지도 모르겠다. 언제 돌아간다고 확신할 수 없는 시기에 사고경위서 작성도 써야 한다니, 천천히 진행되는 재발급 처리 속도대로 움직일 걸 그랬나 보다.

'앱 하나 만들어 100원에 팔면, 140억 원을 벌 수 있는데…. 상하이 청년이 그렇게 로맨틱하다던데….'

좀 지쳐 있을 걸 그랬다.

집으로

내 친구 곰돌이

　적막한 호텔 분위기를 정화하려 TV를 켰다. 몇 개 없는 채널은 중국 영화, 드라마, 예능, 애니메이션이 방영되고 그중에 한국 소식을 알려주는 건 없다. 왁자지껄한 대화 내용은 골이 울리니, 적당한 배경음악 정도만 필요해서 대사가 적은 유아용 애니메이션 <마샤와 곰>에 채널을 고정했다.

　빨간 망토를 쓴 호기심이 덩어리 소녀가 착실하게 사는 곰을 괴롭히는 만화이다. 작은 몸집에 비해 저지르는 소동의 규모가 귀여운 장난 수준이 아니라서 숲속 동물에게 경계의 대상이 된다. 평온한 생활을 보내던 곰이 소녀로 인해 엉망진창이 되고 마는데 소녀와 곰의 치고받고 싸우는 하루하루가 역동적이다. 대사가 없어도 이해되는 대환장 줄거리가 동심의 다른 모습을 보여주는 애니메이션이다.

굽히지 않는 꼬마의 시도와 상황을 수습하는 곰 캐릭터에 지난날의 내 모습을 투영했다. 매회 발생하는 이벤트도 하루의 결말로 이어지듯 이 또한 끝이 있을 거라고 교훈을 얻어 기운을 회복했다.

버킷리스트

　난징둥루 거리를 채우는 길거리 음식은 종류가 다양하다. 육포, 에그타르트, 탕후루, 딤섬, 고기 머핀, 볶은 콩, 떡, 비스킷, 요구르트 등 맛과 향이 보장된 음식이 즐비하다. 낮과 밤이 바쁜 난징둥루를 여러 번 찾아왔는데 잘 못 먹고 배 앓이할까 봐 눈으로만 보고 다녔는데 이제는 먹어볼 도전 정신이 발동한다.

　제일 먼저 산 건 요구르트였다. 1평 남짓한 요구르트 가게에 사람들이 줄 서 있었는데, 시간도 넉넉하고 기다리는 건 장사가 되어 10명쯤 기다리는 건 식은 죽 먹기였다. 호텔로 와서 맛본 요구르트는 지난 며칠간 먹지 않았다는 게 억울할 정도로 새콤하고 부드러웠다. 남은 며칠 동안 한 병씩

꼭 먹어야겠다고 일과에 추가했다. 요구르트와 같이 산 만두 한 그릇은 길거리에서도 사 온 음식 중에서도 명품이다. 겉이 바삭한 만두피는 쫄깃하고 촉촉한 육즙이 매력적이었다. 경찰서로 찾아가며 흘깃거렸던 음식으로 배를 채워 버킷리스트에서 목록 하나를 지웠다.

나른한 포만감으로 침대 위에 대자로 누웠다. 위장 속 정리 정돈이 잘 된다면 하루는 날 잡고 길거리 음식 투어만 하고 싶다.

아침 운동

비자 발급이 완료되었다는 문자가 저녁에 수신되었다. 다음 날 오전 9시에 찾으러 오라고 했지만 7시에 눈이 떠졌다. 연휴가 지나 비수기에 들어선 상하이 거리를 천천히 걸어볼 겸 밖으로 나왔다. 보통 시간에는 상점을 찾는 사람들로 분주한 거리를 운동하는 현지인들이 장악했다.

바닥에 각자 설 자리가 테이핑 되어 있는 것처럼 일렬로 서서, 서로의 팔과 다리가 겹치지 않을 만큼 떨어져서 똑같은 동작을 하고 있다. 기마 자세를 단단히 유지하고 두 팔을 ㄴ자와 ㄱ자로 슬며시 구부려 바람을 모으듯이 천천히 상체를 움직인다. 틀어 놓은 음악의 리듬이 동작의 강약을 조절하는 듯 한 박자에 다리를 슬며시 들어 ㄱ자로 구부렸다가, 하늘 위로 반짝 차올린다. 보이지 않는 실로 그들의 머리 팔다리를 묶어 놓은 것 같다.

영사관 운영이 시작되기까지 1시간 넘게 남은 시간, 마치 무술을 수련하듯 집중하고 있는 사람들 옆에 서서 움직이면, 그들의 무술을 익히는 어설픈 외국인의 행동을 열린 마음으로 받아 줄 것 같다. 못 따라 하는 자세는 교정도 받고 내일 같이 운동할 수 있을 것 같다. 잘 익혀서 이 동작을 아무 때나 취하면, 동족으로 오인당해서 안전하게 이들 틈에 섞일 수 있을 것이다.

출입국 사무소에서 업무 시간 중 체조하러 가버리는 야속한 그들과 같이 운동했으면 좀 친해졌을까 상상해 봤다. 공원이 아닌 길 한복판의 운동이 생소하지만, 하루를 시작하는 중국 사람들의 루틴 같아서 바라보는 시선에 여유가 담겼다.

이젠 안녕

한국으로 떠나기 전 날이어서 관광객 상태로 하루를 보낼 계획인데 노선을 찾고 지도를 보며 걸을 기운이 없었다. 여기저기 보고 싶은 갈증을 해소 시켜주기에 제격인 것은 일일 시티투어버스를 이용하는 방법이 있다. 2층에서 야경을 보는 재미가 있고, 좌석마다 이어폰 단자를 꽂을 수 있어서 영어, 일어, 한국어로 안내되는 설명을 들으며 이동할 수 있다. 24시간 타고 내릴 수 있는 도시관광은 이동 시간을 줄여줄뿐더러 내린 장소에 머무는 시간을 잘 배분하면 하루를 알차게 보낼 수 있다.

상하이 시티투어버스는 3개의 버스 노선과 1개의 페리 노선으로 이루어져 있는데 1, 2호선만 이용해도 상하이를 충분히 관광할 수 있다. 상하이 도심지를 총정리할 겸, '난징둥루 – 와이탄 – 예원 – 신천지 – 난징둥루'로 주요 관광지를 훑는 1호선을 선택했다.

　　상하이 시티투어 버스 노선
　　1호선 와이탄을 지나며 동방명주를 보며 지나는 코스
　　2호선 황푸강 건너 동방명주 쪽으로 가는 코스
　　3호선 난징시루, 인민 공원 가는 코스

　평일임에도 사람이 바글거리는 장소는 아무리 유명해도 내리지 않았고, 다시 오고 싶다는 미련이 남지 않도록 머무르고 싶은 장소는 한참 있었다. 버스는 흥이 난 관광객들이 타고 내렸지만, 창밖을 착잡하게 바라보는 나 홀로 여행객에게 섣불리 "니하오!" 인사도 못 건네었다.

예쁘니까

 'Slow, Slow, Quick, Quick', 역동적이었던 이번 여행의 원래 계획은 천천히 걷는 것이었다. 몇 해 전 상하이에 놀러 왔을 때 주요 관광지를 둘러봐서, 이번에는 근교로 나가서 느리게 걷고, 더 보고 싶은 곳에서는 오래 머무르려고 했다.

 떠나는 날이 가까워지자, 황금빛으로 변하는 예원의 모습이 떠올랐다. 100년 전의 거리가 유지되는 예원 상가는 옛 중국의 모습을 그대로 간직하고 있다. 거리를 거닐며 고층 현대 속 과거의 모습을 감상하다가, 조금씩 안쪽으로 들어가면 옛날 중국 정원과 상가의 모습에 둘러싸인다. 예원은 변하는 미래와 현재를, 이어져 오는 과거와 현재를 볼 수 있는 시간 여행을 경험할 수 있는 장소이다.

하늘을 향해 뾰족이 솟은 기와가 얹어진 가옥이 늘어선 예원 상가를 지나 안쪽으로 들어가면 9번 굽은 다리가 있는 연못을 중심으로 조성된 정원의 풍경이 고아하다. 바닥이 안 보이는 연못에 빨갛고 노란 잉어가 물 반, 물고기 반 비율로 살고 있다. 어쩌면 물고기가 더 많을 수도 있다. 큼지막한 잉어는 사람이 가까이 오면 입을 끔벅거리며 찾아오는데 뭘 먹고 컸는지 연못 밖으로 나와서 똑바로 서보면, 유치원생보다 클 것 같다. 옛날 중국으로 이동한 착각을 불러일으키는 장소를 한참 바라보다 현실로 돌아온다.

예원 상가의 기념품 가게에 들러 사고 싶은 물건을 골라 담았다. 물건을 못 샀기 때문에 다시 가야겠다는 미련을 남기고 싶지 않았다. 양손 가득히 담은 종이 가방을 든 모습은 어제의 나와 다른 모습이다. 코트 틈새로 바람의 손이 들어와 다른 것을 앗아갈지 두려워 직진만 하던 나는, 쇼핑을 즐기는 부호의 모습이 되어 돌아다녔다. 관광과 쇼핑으로 하루를 채운 예원의 추억은 평생 간직하고 싶은 상하이의 모습이다.

최후의 만찬

입맛을 잃었던 날들이여 안녕, 단수여권과 비자를 되찾으며 잃어버린 식욕도 되찾았다. 18시간 후면 집에 도착할 수 있는 안정적인 상황이 되자 배가 고팠다. 상하이에 미련이 남지 않게 떠나기 전 먹고 싶은 것도 다 먹어야겠다. 뭘 먹어볼 수 있을까, 먹을 수 있는 음식 중 귤이 생각났다.

여행의 첫날 난징둥루를 찾아가는 길가에 익숙한 과일을 파는 가판대가 있었다. 동그란 탁구공 크기의 오렌지 빛깔을 방긋하게 띠고 잎사귀로 깻잎 머리 달고 있는 귤이 한 가지에 따닥따닥 달려 있다. 상인이 맛보라고 건네준 귤 한 조각이 너무 맛있어서 한 봉지 구매했었다. 이번 여행의 시작은 달콤한 귤이었다고 해도 과언이 아니다.

호텔 옆 과일 가게에 들러 귤 한 봉지를 샀다. 출입국 사무소와 영사관의 쓸쓸함을 지나 다시 만난 한 개의 귤은 입 속에서 알알이 터지며 당도를 퍼트렸다. 신선한 에너지가 온 세포에 알림을 보냈다.

첫 끼로 먹었던 메뉴도 떠올랐다. 얇은 튀김 옷을 입고 바싹하게 튀겨진 널찍한 꿔바로우와 매콤하고 부드러운 두부가 한 그릇 가득 나오는 마파두부. 구글 지도에서 후기가 좋은 매장을 찾아가 두 개의 메뉴를 주문했다. 반 이상 남겼지만 두 개 정도는 시켜야 여행의 푸짐한 마지막 날로 치장할 수 있을 것 같았다.

해 뜨기전 새벽이 가장 어두운 법

다음 날 오후 늦게 비행기에 탑승하는 일정으로 호텔 체크아웃 후 이동까지 시간이 넉넉했다. 늦잠을 자도 되고 공항으로 출발하기까지 마음껏 여유 부려도 되는데 밤새 한숨도 못 잤다. 이미 싸놓은 캐리어를 열어 넣을 짐과 손에 들고 갈 짐을 분리하길 몇 차례. 시계는 새벽 3시를 표시하고 있었다.

저녁까지 탑승을 기다리고 싶지 않아서 오전에 제일 빨리 출발하는 시간으로 바꾸었다. 공항까지 이동하는 시간을 체크한 뒤 5시에 프런트로 내려가 택시를 불러달라고 했다. 택시로 한 번에 빨리 공항으로 가고 싶었다.

해가 깨어날 의지가 없어 보이는 새벽은 호텔 로비가 아무리 환하게 불을 밝혀도 도로에 오가는 차량이 보이지 않을 만큼 캄캄했다. 내 앞에 택시가 와서 서기까지 바깥은 암흑 자체였다.

앞 사람만 잘 따라가고 보여달라는 항공권만 보여주면 내 자리에 앉게 되는 별거 없는 출국 과정에서, 공항 직원이 한두 명 옆으로 나오라고 했다. 나만 안 걸리길 바라며 대기 줄에서 한 방향으로 곧장 걸었는데, 출국 심사 담당 직원을 만나기 직전에 파란 여권을 든 나를 부른다. 혹시 무슨 이유로 나가지 못하게 할까 봐 심장이 쿵쾅거렸다. 열 걸음만 걸어가면 마라톤 결승점처럼 바로 만날 수 있는데, 가지 못하고 대기 줄에서 벗어났다.

중앙 기둥 앞에 서 있게 하고, 나의 귀한 여권을 가져가서 여럿이 둘러본다. 여권을 보고, 비자 종이를 보고 직원 두 명이 쑥덕거리며 한참을 쳐다본다. 탑승구를 코 앞에 두고 덫에 걸린 것 같다. 회수당하면 어디서부터 시작해야 할지, 얼마나 긴 시간이 걸릴지 아찔해졌다. '제발, 나를 보내주세요.' 〈장화 신은 고양이〉의 순수한 눈빛을 발사했다.

그들은 오른쪽 한쪽에 있는 사무실로 들어가 여러 명이

모여 여권과 비자를 살펴봤다. 제발 별일 없이 체크를 끝내고 안전하게 돌려주기를, 하늘과 땅과 바다와 산에 있는 모든 신에게 기도했다.

그들은 단수 여권이 비자 발급까지 정상 처리된 것인지 확인하려고 가져갔던 것으로, 정보 조회 후 돌려주었다. 오히려 출국 도장을 찍어주는 직원은 별다른 체크 없이 기계적으로 도장을 찍고 통과시켰다.

눈이 온다

 한국으로 데려가 줄 비행기가 출발할 시간이 몇 분 안 남았다. 탑승하기 위해 준비하라는 안내가 나오기 전부터 내 손에는 여권이 펼쳐져 있고 항공권도 손에 쥐어져 있다. 승무원의 확인 시간을 1분이라도 줄이려고 미리 준비했다.

 좌석 번호에 맞게 앉아도 갑자기 내리라고 할 까봐 마음이 불안했다. 초록색 여권이 아닌 한국 사람 일어나라고 하면 어떡하지, 어느 나라 출신이냐고 되물으면 어떡하지…. 자라에 놀란 가슴 솥뚜껑에 놀란다더니, 호되게 당한 국제미아는 신분을 찾아도 걱정이 겹겹이 쌓여 있었다.

 창문 밖으로 하늘이 부예지더니 눈이 내리기 시작했다.

미련 남기지 말고 가라고 하늘에서 눈물 대신 눈발을 흩날려 주나보다. 날아갈 준비를 하는 비행기를 향해 손 흔들어 주는 정비사들이 보였다.

"콰르릉!!!"
흔들리는 기체의 떨림이 고스란히 느껴졌다. 비행기 날개가 앞뒤로 부드럽게 움직이며 내리는 눈발을 가른다. 서울로 향하는 중이다.

에필로그_빌어먹을 갈대의 마음

로맨틱한 상하이는 한순간에 빌어먹을 도시가 되었다. 집에 돌아갈 수 없고 어딘가 머무를 수도 없고, 생존하기 위한 방법을 스스로 모색해야 했다. 대륙의 매력이 부질없게 느껴졌다. 영사관에 연락하면 어떤 거부터 해야 하는지 가이드라인이라도 받을 줄 알았다. 여권 분실자가 해야 할 것과 영사관이 도와줄 수 있는 것을 알려줬다면 마음을 의지하고 중국 공공기관을 찾아다녔을 것이다. 에어비앤비가 상용화되지 않은 시절에 여행객이 한인 타운에서 민박집을 찾는 건 모래사장에서 바늘 찾는 것만큼 어려웠다.

지인의 연결로 다행히 숙소를 구했지만, 결혼 잔소리를 피할 수 없었다. 며칠 더 머물렀으면 맞선까지 봤을 수도 있다. 며칠간 토마토 달걀 요리만 먹다가 토마토가 돼버릴 것 같았고, 신원보증을 부탁받으며 여행의 장르가 스릴러로 바뀌었다. 국가 간 이슈가 현지인들에게 끼치는 혐한 감정은 피부로 차갑게 느껴졌다.

여권 분실에서 비자 발급까지 거쳐온 기억을 떠올리며 글로 옮겼는데 허구한 날 지나왔던 길의 모습이 가물가물했다. 호텔 옆에 경찰서가 있었는지 식당이 먼저 있었는지 기억이 흐릿해서, 다시 상하이의 난징둥루 그 골목을 가봐야 할 것 같았다. 지나온 시간의 고통도 잊혀가고 있나 보다. 중국의 못 가 본 도시와 계절의 합은 무한대인데 이렇게 중국 탐방이 멈추는 건 조금 아깝다는 생각이 들었다. 기억 속을 여행하다가 로맨틱한 상하이를 그리워하는 마음이 빌어먹을 갈대 같다.

어느 전시장에서 작품 설명을 끝맺으며 도슨트가 이야기한 내용이 있다.
"굴곡이 많은 작가가 전시합니다. 일이 안 풀린다 싶으면 바꿔서 생각해 보세요. 거장이 될 기회입니다."
무언가 일이 안 풀리고 막힌 것 같다면, 기회의 순간일 수 있다. 서류 접수조차 안 되고 상황이 얼어붙은 것 같던 그 나날들이 이렇게 이야기로 풀려 책 한 권이 됐다. 이 책은 같은 경험을 하지 않길 바라지만 어쩔 수 없이 이런 상황을 겪게 된다면, 돌아 올 수 있다는 희망을 주고 싶어서 만들게 되었다. 빌어먹을 상황도 로맨틱하게 벗어날 수 있다.

누군가에는 여행 정보 수집이 되길 바라며,
누군가에게는 사전 연습이 되길 바라며,
대체로 소설 같은 모험기처럼 읽히길 바란다.

귀국하기까지 도와주신 분들과
책을 만들기까지 도움 주신 분들께
감사드립니다.

빌어먹을 로맨틱한 토마토 달걀볶음

발행일 | 2024년 06월 24일

지은이 | 황효
인스타그램 | @hwan_hy0
출판사 | 새벽감성 새벽감성1집

ISBN 979-11-90604-55-0 03810

출간물의 저작권은 저자에 있습니다.
이 책 글의 전부 또는 일부를 발췌하거나 인용하려면
반드시 저자의 동의를 얻어야 합니다.
잘못된 책은 구입하신 곳에서 바꿔드립니다.

책값은 뒤표지에 있습니다.